ARMORIAL GÉNÉRAL

DE LA

GÉNÉRALITÉ DE CHALONS-SUR-MARNE.

Châlons-sur-Marne, typ. H. Laurent.

ARMORIAL GÉNÉRAL

DE LA

GÉNÉRALITÉ DE CHALONS-SUR-MARNE

Publié, pour la première fois, d'après le manuscrit original conservé
à la Bibliothèque impériale, et annoté

Par M. Edouard DE BARTHÉLEMY

Membre titulaire du Comité impérial des travaux historiques.

———

I.

ÉLECTIONS

*de Châlons, Sainte-Ménehould, Epernay, Sézanne
et Vitry-le-François.*

PARIS

Aug. AUBRY, libraire de la Société des bibliophiles français
16, rue Dauphine.

M.D.CCC.LXII.

ARMORIAL GÉNÉRAL

DE LA

GÉNÉRALITÉ DE CHALONS-SUR-MARNE,

Publié, pour la première fois, d'après le manuscrit original conservé
à la Bibliothèque impériale, et annoté

PAR

M. EDOUARD DE BARTHÉLEMY.

———

I.

ÉLECTIONS

*de Châlons, Sainte-Ménehould, Epernay, Sézanne
et Vitry-le-François.*

———

Je pense publier ici un document intéressant
pour un grand nombre de familles de notre pays,
en imprimant pour la première fois cette partie
du catalogue manuscrit des Armoiries, dressé par
édit du mois de novembre 1696, et exécuté par
les commissaires royaux députés à ce fait, suivant
les arrêts du conseil des 4 décembre 1696 et 23
janvier 1697. Louis XIV ordonna à cette époque
l'enregistrement de toutes les armoiries portées
par ses sujets, et les communautés ou corpora-
tions de son royaume. Ce fut une mesure fiscale
qui produisit une assez forte somme; il y avait
en effet à payer un droit de 50 livres par armoirie
de communauté et de corporation; de 25 livres

par établissement religieux, ou armoiries con-
tenant des fleurs de lys d'or sur champ d'azur ;
de 20 livres par personne. Ces précieuses listes
sont conservées en originaux à la bibliothèque
impériale, et j'ai extrait aujourd'hui celles des
élections de Châlons, de Vitry, de Ste-Ménehould,
de Sézanne et d'Epernay. On y retrouvera bien
des noms connus encore, quoique le nombre des
familles éteintes depuis ce recensement soit sin-
gulièrement considérable (1).

Il faut remarquer que ces listes ne constituent
pas une situation positivement nobiliaire au profit
de tous ceux qui y sont mentionnés ; on pouvait
avoir des armes sans être noble, et on en trouve-
rait surabondamment la preuve à Perpignan, par
exemple, où tous les bourgeois avaient leurs écussons plus ou moins splendidement décorés, mais
les armoiries attestaient au moins une bourgeoisie
notable. Ici, du reste, nous rencontrerons les
armes de quelques cabaretiers, hôteliers ou marchands, et il faut bien dire que plus d'un se vit
imposer un écusson par les commissaires députés,
afin d'être obligé de payer les 20 livres.

Plusieurs erreurs sont également commises dans
les affectations d'armoiries : des membres d'une
même famille y figurent avec des écussons diffé-
rents : quelques-unes sont évidemment controuvées
et auront été décrites faute d'autres pour éviter
une recherche. Je les indique au moins pour les
familles principales.

_____

(1) Voir notre *Armorial de la ville de Châlons*, in-12, Aubry, 1856,
dans lequel on trouvera les rôles des gentilshommes de Châlons en
1597 et en 1625 ; la liste des membres de l'ordre de la noblesse aux
élections de 1789, et l'état de tous les habitants notables de Châlons
en 1521.

Ce recensement des armoiries fut exécuté de 1697 à 1709, en quatorze listes, et nous publions ces listes suivant leur ordre, sans y rien changer; les numéros ne se suivent pas, parce que quand une difficulté se présentait, on passait outre, en mettant seulement à la suite du numéro d'ordre: « à expliquer plus amplement » et cette explication se trouve aux listes supplémentaires. Un fermier se chargea de la confection de ce catalogue et de la perception des droits, le sieur Adrien Vernier, et envoya dans chaque généralité un certain nombre d'agents qui se partagèrent les élections; les listes étaient arrêtées par lui et soumises aux commissaires généraux députés, qui prescrivaient l'enregistrement et donnaient reçus des sommes. Enfin « les intéressés aux fermes des armoiries » remettaient ces listes à d'Hozier qui leur en donnait un récépissé.

Les armoiries furent longtemps laissées à la volonté des familles, qui les changeaient ou les modifiaient sans contrôle. Charles VIII remédia à cet état de choses en créant, le 17 juin 1484, un maréchal d'armes, chargé d'enregistrer les blasons de toutes les familles du royaume. Il ne paraît pas que cette mesure ait reçu d'exécution, mais Henri II, en 1555, défendit les prises et les changements d'armoiries sans concession du souverain; prohibitions renouvelées par nos rois en 1560, en 1583 et en 1614, époque où fut institué l'office de siége d'armes. En 1666, Colbert fit procéder à la recherche des faux nobles, qui, interrompue pendant quelques années, fut vigoureusement reprise en 1696, quand Louis XIV, abolissant l'office de siége d'armes, créa une grande maîtrise générale et souveraine des armes,

avéc des maîtrises particulières, et décréta la
confection de l'Armorial général. Un délai de
deux mois seulement fut d'abord accordé pour
l'enregistrement des armoiries, dont Adrien Va-
nier, comme je l'ai dit, bourgeois de Paris, accepta
la ferme au prix de sept millions de livres. Ce
délai fut successivement prorogé et de nombreuses
difficultés ne tardèrent pas à surgir. Beaucoup de
personnes se refusèrent à se soumettre à l'enregistrement, et il fit multiplier les arrêts du conseil
pour stimuler les récalcitrants, et cependant on
pourrait citer une longue liste des familles qui ne
figurent pas dans l'Armorial. Je ferai remarquer
pour notre pays combien peu d'écussons repré-
sentent les familles des bourgs et villages de nos
environs, et que plus d'un nom notable y manque.
En 1700, d'Hozier fit supprimer la grande maîtrise et rétablir les offices de siége d'armes. Il
continua seul le travail, qui fut déclaré clos le 26
juin 1718.

I.
Election de Châlons-sur-Marne.
(Liste arrêtée le 2 novembre 1697.)

1. LARCHER (Michel), conseiller du roi, maître des requêtes ordinaires de son hôtel, intendant de Champagne. — D'azur au chevron d'or, accompagné en chef de deux roses d'argent et en pointe d'une croix patriarchale de même.

2. PRIOLO (Barthélemy-François), chevalier vénitien, résidant à Châlons. — Palé d'or et d'azur de six pièces, et un chef de gueules.

3. DU MOULINET (Pierre), écuyer, seigneur de Loisy, premier président au présidial de Châlons. — D'azur au chevron d'argent, accompagné de trois croissants de même, et au chef d'or.

4. VAVERAY (Claude), conseiller du roi, lieutenant-général criminel au bailliage de Vitry-le-François. — De sinople au levrier d'argent, soutenant une tour d'or au pied senestre.

5. VINCENT (Nicolas), conseiller du roi, receveur des tailles à Vitry-le-François. — de gueules au soucy d'argent, accompagné de trois étoiles de même, rangées en chef, et deux larmes aussi d'argent, en pointe.

6. DE PARVILLEZ (Charles), conseiller du roi, président et juge des dépôts de sels à Châlons. — D'azur au lion d'or, soutenu de trois croissants d'argent, et un chef de même, chargé de trois étoiles de gueules.

7. DE PINTEVILLE VAUGENCY (Jean-Baptiste), écuyer, seigneur de Vaugency, ancien lieutenant-général au présidial de Châlons. — D'argent en sautoir de sable, et un lion d'or brochant sur le tout (1).

(1) Armé et lampassé de gueules. — Famille remontant dans le Vermandois au XIVᵉ siècle. Branches de Cernon (barons), de Vaugency, la Mothe, Montcetz. — Existe.

8. DE PINTEVILLE (Anne-Perrette), veuve de Claude De Bar. — de même.

9. DE BAR (Jean), écuyer, conseiller du roi. — D'argent à une face de sable, surmontée de trois lozanges de gueules, rangés en chef (1).

10. PARCHAPPE des Noyers (Nicolas), chevalier, seigneur de Vinay, bailli de Châlons. — D'azur au chevron d'or, accompagné de trois colombes d'argent becquées et onglées de gueules (2).

11. DE PINTEVILLE (Claude), écuyer, seigneur de Vaugency et St-Quentin-sur-Coole. — Voy. n° 7.

12. BEAUGIER (Edme), conseiller du roi à Châlons. — D'azur au chevron d'or, accompagné de trois étoiles de même, et surmonté d'une croix de Lorraine aussi d'or (3).

14. DE PINTEVILLE (Jean), écuyer, seigneur de La Mothe, ancien trésorier de France en Champagne. — N° 7.

15. DE BAR (Nicolas), prêtre, licencié en théologie. — N° 9.

16. BILLET (Pierre), écuyer, conseiller, procureur du roi à Châlons. — D'azur au chevron d'argent, accompagné en chef de deux moulinets de même, emmanchés d'or, et d'une épée de même en pointe.

17. DOMMARTIN (Michel), conseiller du roi à Châlons. — D'azur à trois marteaux d'armes d'or.

20. DE PINTEVILLE (Pierre), écuyer, seigneur de Cernon et Dommartin. — N° 7.

21. LE VAUTREL (Jean), conseiller du roi. — D'azur à l'aigle d'or, en chef soutenu d'un serpent tortillé de même en pal, qui est accosté de deux colombes d'argent naissantes.

(1) Famille datant du XIVe siècle : Henry, capitaine royal de Châlons (1586).
(2) Famille d'Epernay, anoblie par Henry IV. — Existe.
(3) Historien de Châlons, Beaugier de Bignipont. — Existe.

22. **JOURDAIN** (Claude), conseiller du roi. — D'argent à un arbre de sinople, accompagné de deux étoiles de gueules (1).

23. **LE MOYNE** (Nicolas), conseiller du roi. — D'argent à la bande de gueules, accompagnée en chef de trois mouchetures d'hermine, et en pointe d'un fer de moulin de sable, accosté de deux épis de blé au naturel (2).

24. **LE CERTAIN** (Jacques), conseiller du roi. — D'argent au chevron d'azur, surmonté d'un croissant de gueules, et accompagné en chef de deux étoiles et en pointe d'une levrette courante, de même.

25. **SEBILLE** (François), conseiller du roi. — D'azur au chevron d'or, surmonté d'un croissant d'argent, et accompagné en chef de deux étoiles d'or, et en pointe d'une rose d'argent.

27. **FAVIER** (Jean), écuyer, conseiller du roi, assesseur à la maréchaussée. — D'azur au chevron d'or, chargé de deux lions affrontés de gueules, et accompagné de trois molettes d'or.

28. **HOCART** (Claude), lieutenant de la maréchaussée. — De gueules à trois roses d'argent (3).

29. **BRAUX** (Pierre), écuyer, seigneur de Vraux. — De gueules au dragon ailé d'or (4).

30. **DE BAR** (Louis), seigneur de Sommevesle. — Voy. n° 9

31. **BILLECART** (Pierre-Joseph), bourgeois. — D'azur à une face d'or, accompagné de trois grappes de raisin d'argent en chef, et en pointe d'une levrette de même.

---

(1) Famille remontant au XVe siècle.
(2) Lemoyne de Villarsy, reconnaissance de noblesse en 1490.
(3) Famille datant du XIVe siècle.
(4) Anoblissement du 1er février 1366. — Marquis d'Anglure. — Existe.

52. MATHÉ (Edouard), écuyer, seigneur de Vitry-la-Ville, major de Sainte-Ménehould. — D'argent au sautoir de gueules, chargé de cinq besans d'or (1).

53 CHALONS (Joachim), conseiller du roi, contrôleur général des finances, domaines, etc. — D'azur au dextrochère armé, mouvant du flanc et venant une épée couronnée et accostée de deux étoiles ; le tout d'or.

54. RAPINAT (Louis), avocat au parlement, seigneur du Fresne. — D'argent à une face de sinople, accompagnée en chef de deux étoiles de gueules et d'un cœur de même en pointe.

55. DE SAINT-GENYS (Nicolas), conseiller du roi. — D'azur au chevron d'argent, accompagné en chef de 2 étoiles d'or, et en pointe d'un arbre de même (2).

56. GUICHARD (Vincent), contrôleur des deniers commune, octrois, etc. — D'argent au chevron d'azur, accompagné de cinq coqs de même.

58. HENNEQUIN (Christophe), écuyer, seigneur de Vidampierre. — D'azur à trois têtes de belier d'argent (3).

40. DE L'HOSPITAL (Marie), veuve d'Estienne de Corvissier, conseiller, avocat du roi. — D'or au chevron d'azur, accompagné de trois écrevisses de gueules.

41. GROSSART (Hector), conseiller du roi, receveur des consignations. — De gueules à deux épées d'argent en sautoir, la pointe en bas, et accompagnées de deux levriers de même, un en chef et un en pointe.

44. CUGNY (Magdeleine), veuve de Nicolas Dubois de Crancé, commissaire des guerres.—D'azur au chevron d'or, accompagné de trois glands de même, feuillés et tigés de sinople.(Armes des Dubois).

---

(1) Famille du XVᵉ siècle.
(2) Existe.
(3). Erreur, il doit avoir les mêmes armes que les Hennequin, qui portent vairé d'or et d'azur, au chef de gueules, chargé d'un léopard d'argent : c'est la même famille. — Existe encore.

45. HORGUELIN (Pierre), conseiller, avocat du roi. — D'or au chevron d'azur, accompagné en chef de deux panaches de gueules, et en pointe d'une tête de maure de sable, tortillée d'argent.

46. RONNAY (Perrette), veuve de Claude de Parvillez. — N° 6.

47. DUBOIS DE CRANCÉ (Germain), conseiller au baillage. — N° 44 (1).

49. JOURDAIN (Claude-Memmie), assesseur. N° 22.

50. DUBOIS (Claude), commis à la recette générale. — N° 44.

51. LENOIR (Samson), écuyer, seigneur de La Chaussée. — D'azur à trois larmes d'argent.

53. DEU (Pierre), seigneur de Vieux-Dampierre en partie, bailly de Châlons. — D'or au chevron d'azur, chargé sur la pointe d'une étoile d'or, et accompagné en chef de deux couronnes de laurier de sinople, et en pointe d'une patte de griffon de sable (2).

54. CACHAPT (Claude), officier de fauconnerie. — D'azur au chevron d'or, surmonté de trois étoiles d'argent, et accompagné en pointe d'une branche de laurier de même, boutonnée de gueules.

55. LE DIEU (Antoine), conseiller et procureur du roi au dépôt des sels — D'azur au pélican avec ses petits dans un nid d'argent, surmonté en chef de deux étoiles de même.

57. LE MOYNE (Pierre), conseiller de ville. — N° 23.

58. GARGAM (Pierre), conseiller du roi. — D'argent au chevron d'azur, acompagné en chef de deux roses de gueules, et en pointe d'une merlette de sable (3).

(1) Existe sous le nom de Du Bois de Frenoy et de Saran.
(2) Armes ainsi modifiées au commencement du XVIIIe siècle : D'argent au chevron d'azur, accompagné de 3 pattes de griffon de sable. — Famille remontant à 1350 à Châlons. Branches de Vieux-Dampierre, Marson, Perthes, Montcetz, Rapsécourt, du Mesnil et de Montdenoix. — Existe.
(3) Existe.

1*

59 LE PETIT (Louis), écuyer, seigneur de Vaux, conseiller du roi. — D'argent à trois glands d'or, la tige en bas.

61. JOURDAIN (Ignace), procureur du roi.—N° 49.

62. BRAUX de Sorton (Nicolas), trésorier général et 1ᵉʳ président au bureau des finances. — N° 29.

63. LANGAULT (Pierre), trésorier général et 2ᵐᵉ président audit.—D'azur à deux épées d'argent, les poignées d'or, en sautoir les pointes en bas.

64. NERET (Noël), trésorier de France, doyen. — D'or au lion de sable, et un chef de gueules, chargé à dextre d'un soleil rayonnant d'or.

65. LE TARTIER (Nicolas), trésorier de France. — De gueules au besan d'or, et un chef de même chargé de trois molettes de sable.

66. LE GORLIER de Verneuil (Nicolas), trésorier de France. — D'argent à une face de gueules chargée d'une coquille d'or et accompagnée de trois merlettes de sable (1).

68. JOURDAIN de Chantereine (Michel), trésorier de France. — N° 49.

69. DE MOMBAY (Nicolas), trésorier de France. —D'azur à deux épées d'argent, les gardes et les poignées d'or, passées en sautoir les pointes en bas et accompagnées en pointe d'une étoile d'argent, et un chevron d'or brochant sur le tout.

70. DE BAR de Vitry-la-Ville (Claude), trésorier de France. — N° 9.

71. CHARPENTIER du Plessis (Jacques), trésorier de France. — D'azur au chevron d'argent, chargé de trois croissants de gueules et accompagné de trois croix armées d'argent.

72. ROLAND (Gérard), trésorier de France. — D'azur à la face de gueules, chargé de trois besans d'or.

_____

(1) Famille datant du xvᵉ siècle.

73. **DUBOIS** de Farémont (Jacques), trésorier de France. — N° 44.

74. **MAILLEFERT** (Antoine), trésorier de France. — D'azur à la face d'argent, accompagnée en chef de deux étoiles d'or et d'un croissant de même en pointe.

75. **ROLAND** (Jean), trésorier de France. — N° 72.

76. **BILLET** (Claude), trésorier de France. — N° 16.

77. **DE SAINT-HEULIEN** (Guillaume), trésorier de France. — D'or au chevron d'azur, accompagné en chef de deux roses de gueules et en pointe d'une hure de sable.

78. **DE PINTEVILLE** de la Mothe (François), trésorier de France. — N° 7.

79. **FAVIER**, Georges-Thierry, trésorier de France. — N° 27.

89. **NOBLET**, Louis, trésorier de France. — D'azur au chevron d'or accompagné de 5 aigles d'argent.

81. **HOCART**, Daniel, trésorier de France. — N° 28.

82. **BERTHELIER**, Jean-Baptiste, trésorier de France. — De gueules au lion d'or, accompagné de 5 étoiles de même.

83. **DE BAR DE SAINT-MARTIN**, Antoine. — N° 9.

85. **DE CORVISIER**, Paul, procureur avocat du roi au bureau des finances. — D'argent à 3 grappes de raisin de sable, tigée et feuillée de sinople.

86. **LE DUC**, Jean, avocat du roi, audit bureau. — D'azur au chevron d'or, accompagné en chef de 2 roses de même et en pointe d'une croix trèflée aussi d'or.

87. **CUISSOTTE**, Charles, greffier audit bureau. — D'azur à une face d'azur, chargée de trois besants d'or (1).

(1) C'est chevron au lieu de face qu'il faut lire. — Reconnaissance de noblesse, 1484. — Comtes de Gizaucourt.

88. BEAUGIER. Pierre, idem. — N° 12.

89. DUBOIS, Nicolas, idem. — N° 44.

90. PARIS, Antoine, conseiller du roi au présidial.
— D'azur à 2 plumes d'argent en palme (1).

91. PARIS, Jérôme, élu à Châlons. — N° 90.

92. LE DUC, Pierre, seigneur de Compertrix. —
N° 86.

95. FILOCQUE, Eustache, conseiller du roi, receveur des domaines. — D'azur à deux étoiles d'or en chef et un besan de même en pointe.

98. LORAIN, Claude, avocat. — D'azur au chevron d'or accompagné en chef de deux étoiles de même et en pointe d'une gerbe de blé de même.

99. LANGAULT, Françoise-Catherine, veuve de Louis Loisson, grand prévôt de Champagne. — N° 65.

100. COCQUART, Nicolas, l'un des 200 gentilshommes ordinaires du roi. — D'or au sautoir de gueules, accompagné de 5 roses de même, 2 aux flancs et une en pointe, et au chef d'azur, chargé d'une étoile d'argent.

101. LOISSON, Marguerite, veuve de André Lallemant. — D'azur à 5 bandes d'or et un chef de sable chargé de 5 molettes d'or (2).

103. DE JOIBERT, Philippe, écuyer, seigneur d'Ardeuil, lieutenant général au régiment de Grandpré. —D'argent au chevron d'azur, surmonté d'un croissant de gueules et accompagné de trois roses de même (5).

104. DE JOIBERT, Pierre, écuyer, seigneur de Mutigny, lieutenant au même régiment. — N° 105.

105. MATHÉ, Pierre-André, écuyer, seigneur de Malmy, capitaine au même régiment. — N° 52.

---

(1) Il y avait une autre famille de Paris, remontant au XIVᵉ siècle, et portant de gueules au sautoir dentelé d'or, cantonné de deux quintefeuilles et deux besans contrariés de même.

(2) Loisson de Guinaumont, XVIᵉ siècle. — Existe.

(3) XVᵉ siècle. — Existe.

107. LINAGES, Joseph, écuyer, seigneur de Morains, capitaine au régiment de la reine. — De gueules au sautoir engrêlé d'or, accompagné de 4 flèches de même (1).

108. DE BERTANDY, Joseph, écuyer, seigneur de Saint-Laurent. — De gueules à 5 besans d'or et un chef de sable, chargé de 5 trèffes d'argent, écartelé d'azur à un sautoir d'or surmonté d'un lambel de même.

109. BRAUX, Nicolas, écuyer, élu. — N° 29.

110. SAGUEZ, Maurice, écuyer, seigneur de Breuvery, capitaine du génie. — D'argent au chevron d'or, accompagné de 5 cors de chasse de même.

111. DE CAUSA, Marguerite, veuve de Jean-Charles de Cauchon, seigneur de Sommièvre. — De gueules au griffon d'or ailé d'argent (armes des Cauchon, voir n° 359).

112. MOREL, Elisabeth, veuve de François le Gorlier, écuyer, seigneur de Drouilly. — N° 66.

115. DORIGNY, Anne, veuve de Jacques le Gorlier, écuyer, seigneur de La Grande-Cour, Verneuil, etc. — N° 66.

120. GODET, Anne, veuve de Pierre Deya, seigneur du Fresne. — D'azur au chevron d'argent, accompagné de trois pommes de pin d'or (2).

LA VILLE DE MÉZIÈRES. — De gueules à deux râteaux d'or en chef et un M de même en pointes.

123. — TRUC, Pierre-Louis, écuyer, conseiller du roi, lieutenant général criminel. — D'azur au croissant d'argent, surmonté d'une étoile d'or, et accompagné de 5 palmes de même.

124. DEYA, David, écuyer, seigneur de la Salle,

(1) XVe siècle.
(2) Armes des Godet, la plus ancienne famille de noblesse châlonnaise, remontant à 1250. Branches de Farémont, Gueux, Vadenay (vicomtes), Soudé et Marson.

brigadier des gardes du roi. — D'azur au chevron d'or, accompagné de 3 œillets de même.

125. COQUART, Anne, veuve de Claude Deya, avocat du roi. — N° 100.

129. LINAGE, Marie, fille. — N° 107.

130. DE BAR, Claude, major de la bourgeoisie.— N° 9.

131. DARAS, conseiller du roi et colonel de la bourgeoisie. — D'azur au chevron d'or surmonté d'une étoile de même et accompagné de 3 plumets d'argent.

132. LORAIN, Nicolas, conseiller du roi et élu à Châlons. — D'argent au chevron d'argent, accompagné en chef de 3 étoiles de même et en pointe d'une gerbe de même.

143. ROUSSET, Pierre, chanoine. — D'azur au chevron d'or, accompagné de 3 larmes d'argent.

144. GUIOT, Pierre, tanneur. — D'azur à un tour d'argent, surmonté de 2 étoiles d'or.

149. DU MOULINET, Marie, veuve de Louis Braux. — N° 29.

154. HERMANN, Pierre, conseiller de ville. — De gueules au chevron d'or, accompagné en chef de 2 roses de même et en pointe d'une gerbe d'or.

159. DE PARVILEZ, François, lieutenant particulier au présidial. — N° 6.

170. TRUC Joseph, écuyer. — N° 123.

177. GUYOT, Bonaventure, veuve de Claude de Dommartin. — D'azur à 3 moulinets d'argent.

179. L'ECUYER, Pierre, écuyer, conseiller du roy, premier lieutenant en la maréchaussée. — D'azur au chevron d'or, accompagné en pointe d'un croissant d'argent, et en chef d'or, chargé de 3 molettes à six pointes de gueules.

183. MILSON, Anne, veuve de Claude Rapine,

bourgeois. — D'argent au cœur de gueules, et un chef d'azur chargé de 3 étoiles d'or.—N° 590.

187. **HERMANN**, Nicolas, avocat. — N° 154.

192. **PARIS**, Marie, veuve de François Fleury, greffier en chef du bureau des finances. — D'azur à 3 croix fleuronnées, haussées au pied fiché d'or, surmonté d'une étoile de même.

195. **HOURY**, Pierre, épicier. — De gueules à la face d'argent, accompagnée en chef de deux étoiles d'or et en pointe d'une rose de même.

201. **LAIGNEAU**, Antoine, prêtre, docteur en Sorbonne, vicaire-général de l'évêque. — D'or à 3 étoiles de gueules, coupé d'azur au chevron d'or, accompagné de 3 roses de même, parti d'azur au chevron d'or, accompagné de 3 larmes d'argent.

202. **LAIGNEAU** (Pierre), archidiacre et vicaire général.

203. **CAILLET** (Marie), veuve de Jean Laigneau. — D'azur à 3 molettes d'or.

204. **DE PINTEVILLE DE LA MOTHE** (Claude), chanoine de la Cathédrale et sous-chantre. — N° 7.

208. **CUISSOTTE** (Pierre), chanoine de la Cathédrale. — N° 87.

209. **ROBILLARD** (Charles), chapelain de la Cathédrale. — D'azur à 2 épées d'argent en sautoir, pointes en bas.

212. **DEU** (Nicolas), chanoine de la Cathédrale. — N° 53.

213. **DEU** (Charles), chanoine de la Cathédrale. — N° 53.

214. **ROBERT** (Nicolas), conseiller et médecin du roi. — Tiercé en face d'azur à 3 étoiles d'argent; d'or, et de gueules à une rose d'or.

215. **TRUC** (Claude), écuyer, seigneur d'Omey.— N° 123.

216. DE BRUNETOT, (Robert), seigneur de Mothé et de Sainte-Suzanne. — D'azur au lion d'or, lampassé et armé de gueules, surmonté d'une étoile d'or et accosté de 2 piliers d'argent, couronnés d'or(1).

218. JACOBÉ (Jean-Baptiste), conseiller du roi. — D'azur à la croix pattée d'or, cantonnée en chef de 2 épis de même et surmontée d'un lambel d'argent (2).

219. DEYA, (Marie), veuve de Pierre de Molinet, seigneur de Loisy.— N° 124.

222. LOISSON (Marguerite), veuve d'André Lallemant. — N° 101.

224. LINAGE (Anne), femme de Nicolas Guillaume, seigneur de Saint-Heulien. — N° 107.

226. MATHÉ DE MUTRY (Claude-Angélique), veuve de Claude Hennequin de Mutry.— N° 32.

228. BILLET (Marie), femme de Nicolas Parchappe des Noyers, seigneur de Vinay, bailly du présidial de Châlons. — N° 16.

229. DEU (Jeanne), femme de Froment de Pinteville de la Mothe, trésorier de France. — N° 53.

250. GODET (Nicolas), écuyer, prévôt des maréchaux à Vitry. — N° 120.

LA VILLE DE CHALONS. — D'azur à la croix d'or, cantonnée de 4 fleurs de lys de même.

18. BESCHEFER (Jean), élu à Châlons. — De sable à deux molettes d'argent en chef et une rose d'or et pointe.

19. BESCHEFER (Germain), commissaire aux revues à Châlons. — N° 18.

20. SAGUET (Philippe), écuyer. — N° 110.

39. VIRIOT (Jean), capitaine. — D'azur à la barre d'argent chargée de 5 mouchetures d'hermine, accompagnée de 2 tours d'argent en chef et en pointe.

(1) Comtes de l'empire. — Existe.
(2) Existe encore.

48. **GIAM** (Thomas), lieutenant à la grande louveterie. — D'argent à 2 espèces d'azur, pointe en bas, mise en sautoir, à la rose de gueules et chef.

52. **PIETTE** (Nicolas), notaire royal et greffier du bureau des traites par assises. — D'azur au cœur enflammé de gueules, surmonté d'étoiles d'azur rangées en chef.

6. **VIRIOT** (Claude), lieutenant civil de l'élection. — N° 59.

67. **DE CHATILLON** (François), trésorier général au bureau des finances. — D'azur à 5 haches d'armes d'argent, emmanchées d'or, 2 et 1.

94. **MOREL** (Anne), veuve de Antoine Gayet, assesseur au présidial. — De gueules à la colombe d'argent portant au bec une branche d'olivier de sinople.

97. **GAYOT** (Pierre), lieutenant pour le roy et maire perpétuel.—D'or au coq d'azur, cretté, becqué, onglé de gueules.

102. **CHARTON** (Jacques), conseiller d'honneur au présidial. — D'azur à la rose d'argent, tigée et feuillée d'or.

126. **SAGUEZ** (Marie), veuve de Jacques Morel, bourgeois de Châlons. — D'or à la tête de maure de sable, suspendu au col de la tête par son enguicheure de gueules.

117. **HORGUELIN** (Jean), assesseur en la maréchaussée. — N° 45.

118. **FAROCHON**, (Claude), capitaine de la bourgeoisie. — D'argent au chevron d'azur, accompagné de 2 cœurs de carnation en chef et d'une étoile de gueules en pointe.

121. **DEU** (Pierre), seigneur de Montcets, officier de la grande fauconnerie. — D'argent à l'arbre de sinople, surmonté de 5 alérions de gueules en bande (1).

(1) Cette attribution d'armoiries, répété dans l'Armorial de Che-

128. LEDOULX (Jean), bourgeois de Châlons. — D'or au lion de sinople, accompagné de 5 étoiles de gueules, 2 et 1.

156. PÉRONNE (Charles), président aux traites formées. — D'argent à la croix compassée de deux branches d'espine de sinople, cantonnée de 4 roses de gueules, boutonnées d'or.

141. GUÉRARD (Marie), veuve de Jean de Vassan, président en l'élection. — De sinople au chevron d'or accompagné de 3 roses d'argent et d'une coquille d'or, 2 et 1.

142. HENRIET (Geoffroy), chapelain de l'ancienne congrégation et ci-devant chanoine de la cathédrale. — D'argent à deux épées de sable, pointes en bas, en sautoir, poignées de gueules.

145. VIGNEROUX (Marie), Vve de Pierre Paquier, étapier. — De sable au chevron d'argent, surmonté d'un croissant de même, accompagné de 2 étoiles et une poule hupée d'or, 2 et 1.

147. PANETIER (Claude), sellier. — D'or au chevron d'azur, accompagné de 5 trèfles de sable, 2 et 1.

147. ROBERT (Jean-Baptiste), conseiller du roi, lieutenant criminel et commissaire examinateur des rôles de l'élection. — N° 214.

152. HORGUELIN (Jérémie), marchand.— N° 45.

153. TALLON (Nicolas), avocat au présidial. — D'azur au chevron d'or accompagné de 3 croissants, surmonté chacun d'un épi, le tout d'or, mis 2 et 1 (1).

154. ROUSSEL (Philippe), bourgeois. — D'azur au fer de moulin, accoté de 2 palmes, leurs tiges en sautoir, surmonté d'un lambel, le tout d'or.

villard, me semble une erreur, car les Deu de Montcets ne forment qu'une branche de la famille Deu, dont nous avons ici de nombreux membres.

(1) Branche de la famille Talon, qui a fourni plusieurs magistrats célèbres.— Etablie à Châlons par le mariage de Pierre Talon, receveur des décimes, avec Louise Deu (1600). — Existe.

157. LE CHAPITRE SAINT-ÉTIENNE. — D'a-
zur à un Saint-Étienne d'or.

158. COLLARD (Marie), veuve de Gillet Adam,
bourgeois. — De sable à 2 épis d'argent, pointes en bas,
en sautoir.

169. PARIZAULT (Nicolas), marchand. — De
pourpre au chevron d'or, accompagné de 2 roses d'or
et d'une cigogne d'argent, 2 et 1.

175. DOZANNE (Isaac). — D'argent au croissant de
pourpre, accompagné de 5 étoiles d'azur, 2 et 1.

176. PLOUVIER (Pierre), marchand et lieutenant.
— D'azur à 5 bourdons d'or, 2 et 1, chacun surmonté
d'une croisette de même.

178. PSEAUME (Claude), veuve de Claude de
Cugny, marchand. — De pourpre à la face d'argent,
chargée de 5 molettes d'azur, accompagnée en pointe
d'un croissant d'or.

180. REGNAULD (Jean-Baptiste), marchand. —
D'argent au chevron d'azur, accompagné de 5 trèfles
de gueules, 2 et 1.

182. PARIS (Nicolas), bourgeois. — D'azur à 2
panaches d'argent, adossées, liées ensemble d'un
ruban de gueules.

185. LEGENTIL (Jacques), chanoine de la cathédrale. — De pourpre à l'arbre d'or, mouvant d'un
croissant d'argent.

191. COLLET (Marguerite), fille. — D'argent au
chevron de gueules, accompagné de 2 étoiles d'azur et
une plante médicinale tigée feuillée de sinople, 2 et 1.

193. HECART (Nicolas), tapissier. — D'or au chevron de sinople, accompagné de 2 étoiles de gueules et
d'une tête de maure de sable, tortillée d'argent, 2 et 1.

194. VARNIER (Suzanne), veuve de Jean Blondel.
— D'azur à l'étoile d'or, coupé d'argent à 5 faces de
gueules.

196. **CHRESTIEN** (Marie-Anne), veuve de Etienne Lebègue, visiteur à la douane. — D'argent au cyprès de sinople, partissant l'écu et mouvant d'une terrasse de même, adextré d'un sauvage nu de carnation, couvert de sinople, et tenant sa massue levée de gueules, la partie senestre de l'écu, coupé par un trait de sable surmonté de 3 champignons d'azur, 2 et 1, soutenus d'une gerbe de même, liée d'or.

205. **HORGUELIN** (Louis), seigneur de Breuvery, chanoine de la cathédrale. — D'or à un chevron d'azur surmonté d'un croissant de gueules, et accompagné en chef de 2 palmes de sinople et en pointe d'une tête de maure de sable, tortillée d'argent.— N° 45.

207. **LE SERRURIER** (Jean), marchand. — Aux 1ᵉʳ et 4ᵉ, d'or vêtu de sable à un cœur de carnation, aux 2ᵉ et 5ᵉ de gueules et dominant d'argent.

210. **BROSSIER** (Marguerite), fille. —De sinople au chevron d'or, accompagné de 3 cigognes d'argent, 2 et 1.

217. **DE LONGUEIL** de l'Escury-le-Repos(Nicolas), écuyer. — Parti d'argent et d'azur, au sautoir fait de 2 chênes de l'un en l'autre, au franc quartier facé d'argent et d'azur de 6 pièces.

221. **MOREL** (Anne), veuve de Antoine Gayet, assesseur au présidial. — N° 94 (répétition).

15. **TESSIER** (Louis), directeur des aydes en l'élection. — D'azur au sautoir de 2 feuilles de scie d'argent, cantonnée de 4 merlettes d'or.

26. **RAMBOURG** (Jérôme), lieutenant assesseur au présidial. — De gueules à l'écu d'argent, entouré d'un orle de 5 trèfles d'or et de 5 coquilles d'argent entremêlés.

42. **LECLERC**, Jean, écuyer, seigneur de Morains. —D'argent au chevron de gueules, accompagné de 3 gardes d'épées d'azur, 2 et 1 (1).

(1) Erreur, assez facile du reste à comprendre, car les armes des

45. BILLET, Blanche, veuve de Philippe-Eugène Clozier, écuyer, seigneur de Soulières, secrétaire du roy. — D'argent à 5 arbres de sinople, 5 et 1, enfermés dans une orle de gueules (1).

56. LE GENTIL, Claude, conseiller au présidial. — D'azur à 5 lozanges d'argent et croix, celle du milieu chargée d'une rose de gueules et les autres d'un tourteau de sable.

54. DEU, Jacques-Joseph, trésorier général au bureau des finances. — N° 53.

93. GIFFAY, Charles, élu. — D'argent à un chef de gueules et au pal côtoyé de 6 molettes d'azur.

96 DE LA GRIOLLETTE, Etiennette, veuve de Jacques Bonnay, procureur du roi de la Foraine. — D'azur au chevron flamboyant de gueules, accompagné de 5 manches d'azur; 2 et 1.

113. LECLERC, Nicolas, écuyer, seigneur de Morains. — N° 42.

114. HORGUELIN, Edme, seigneur de Nuisement, gentilhomme ordinaire de la maison de Monsieur. — N° 45.

119. GUIER, Louis, contrôleur général des fermes à Châlons. — De sinople à la bande d'or, chargée d'un vive d'azur, accompagné de 2 molettes d'argent.

126. DE VILPROUVÉE, Madeleine, veuve de Pierre Coquart, élu — De gueules à la bande d'argent accompagnée de 2 cahiers d'or.

127. FAVIER, Marguerite, veuve de Samuel de Papillon, seigneur de Couvrot. — D'azur au massacre de cerf d'or, accompagné en chef d'un soleil d'or et en pointe de deux molettes d'argent.

___

Leclerc de Morains sont : d'or au chevron d'azur, accompagné de 5 roses de gueules, tigées de sinople, 2 et 1.

(1) Erreur encore : voir pour les Billet, n° 16; et pour les Clozier, ils portent d'argent au chevron de gueules, accompagné de 2 croissants de même, en chef, et en pointe d'une merlette de sable, posée sur une branche de laurier de sinople (voir n° 573).

153. DE PINTEVILLE, Benoit, conseiller au présidial. — N° 7.

154. CUISSOTTE, Madeleine, veuve de Gilles Le Dieu, conseiller au présidial. — N° 87.

155. ADAM, Charles-Henry, avocat au présidial. —D'argent au pommier de sinople, fruitté de gueules, sur une terrasse de sinople ; le fût de l'arbre accolé d'un serpent d'azur, tenant à sa gueule une pomme de gueules.

157 DE PINTEVILLE, Jérôme, procureur du roi aux traites foraines. — N° 7.

158. ROBIN, Nicole, veuve de Nicolas Diacre, lieutenant en la maréchaussée. — D'argent à deux marteaux de gueules en chef et une roche d'azur en pointe.

159. — ROBIN, Louis, avocat contrôleur en la maréchaussée. — N° 138.

140. CACHA, Marie, veuve de Remy Jacquesson, marchand. — D'azur à la face d'or, accompagné en en chef de 2 coquilles d'argent et en pointe d'un chat passant de même. — N° 54.

156. DU PONT, Henry, marchand de graines. — D'argent au pont de 3 arches d'azur, maçonné de sable sur le milieu duquel est perché un duc de gueules.

160. ERNAULT, Catherine, fille. —D'azur au tronc d'arbre arraché de sable, en pal, accoté de 2 branches de laurier de sinople.

161. COLLESSON, Claude, notaire. — D'azur à la molette d'or, accompagnée de 4 cloches d'argent, bataillées de gueules.

168. CAMBRAY, Pierre, marinier et lieutenant de la bourgeoisie. — De gueules en sautoir alaisé d'or cantonné de 4 cœurs à pointe de même.

164. BARBIER, Jean, marinier et lieutenant de la bourgeoisie. — D'azur au barbet passant d'argent sur une terrasse d'or, à l'étoile d'or en chef.

165. DEU, Magdeleine, veuve de .... Grosseteste, conseiller au présidial. — N° 55.

165. JACQUESSON, Quentin, marchand. — D'azur à deux bourdons en sautoir, accompagnés en chef d'une étoile et en pointe d'une cloche, le tout d'or.

168. LEFEBVRE, Pierre, lieutenant en la maréchaussée. — D'argent à la bande bastillée d'azur, accompagnée de 5 chausses-trappes de gueules, 2 et 1.

181. PEROSCHET, Claude, cuisinier. — D'argent au faisan en naturel, accompagné de 5 perdrix de gueules.

172. DE LAGNY, Claude, hostellier. — D'azur à l'étang d'argent, chargé, au milieu d'un buisson de sinople, sommé d'un nid de sable.

175. LEGRAND, Etienne, mercier. — D'argent au chêne de sinople, planté sur une terrasse de même, entre 2 orangers de sinople, fruités d'or.

174. BONNEL, Abraham, bourgeois. — D'azur au chevron d'or, accompagné de trois larmes d'argent.

181. DE JOIBERT, Madeleine, veuve de Jean Leduc. — N° 105.

183. DEBORDE, Jean, marchand. — De sable à 5 maisons d'argent essorées d'or, maçonnées de sable, posées en sautoir.

186. MANIGON, Madeleine, veuve de Nicolas Raflin, marchand. — D'argent à la main de carnation, tenant un gant de sable, le tout posé en bande.

188. DE VITRY, Marie, fille. — D'argent à la rose de gueules, chargée d'une étoile d'or, accompagnée de 5 trèfles de sinople.

188. PAILLOT, Marie-Joseph, fille. — D'azur au chevron d'argent, surmonté d'une étoile d'or, accompagné de 5 feuilles de chêne, 2 et 1 ; au chef d'or, chargé de 5 couronnes de gueules.

190. DOMBALLE, Marie, fille. — De gueules au

chevron d'argent, chargé de trois quintefeuilles de sinople, accompagné en pointe d'un casque d'or, taré de front.

197. MARNIN, Louis, marchand. — D'azur à un marc d'or, accompagné en chef de 2 branches de thim de même et en pointe d'un croissant d'argent.

198. EDMOND, Marie, veuve de Claude Marchand, bourgeois. — D'azur à un mont d'or, ardent d'argent, le chef de l'écu semé d'étincelles de même.

199. COUSINA, Jean, marchand. — D'azur à un arc d'or en pal, accoté de 2 cousins (mouches) de même.

200. DENUEL, Pierre-Claude, seigneur du Plessis. — D'azur à l'olivier d'or sur une terrasse de même, accosté en pointe de 2 colombes d'argent, au chef d'or chargé d'un levrier passant de gueules accolé d'argent.

206. LES TRINITAIRES DE CHALONS. — D'argent à la croix pattée à 5 pointes, le montant de gueules et la traverse d'azur.

211. MAUPAS, Jean, procureur du roy en l'hôtel-de-ville. — De gueules au chevron d'argent chargé de deux couleuvres de sinople, accompagné de 5 quintefeuilles d'or.

220. NAPIER, François, écuyer, seigneur d'Aulnay-le-Châtel, gentilhomme ordinaire du roi. — De gueules à la hache d'arme d'or et à la clef d'argent, adossée et passée en sautoir.

225. N.... femme de Pierre de Bar, seigneur de Sommevesle. — No 9.

227. L'ALLEMAND, Jacques, chanoine de la Cathédrale. — D'argent à 5 merlettes de sable, en sautoir au chef lozangé d'or et de gueules.

231. TAVERNE DE MORVILLIERS, Louis, commissaire des guerres. — D'azur à 2 épées d'or, posées en chevron, accompagnées de 2 besaces et d'une molette d'argent, 2 et 1.

380. DE BROSSARD, Louis, lieutenant-colonel du régiment de Condé. — D'azur au gantelet d'or, mis en face, portant sur son poing un faucon d'argent, accompagné de 3 mouchetures d'hermine d'or.

234. CAPPY DE FOURNAY, Louis, commissaire des guerres. — D'azur au chevron d'or, accompagné de 3 molettes de mine.

227. GODET, Antoine, écuyer, seigneur d'Aulnay-sur-Marne. — N° 120.

640. ROSNAY, Pierrette, femme de N. Berthelier, trésorier de France. — D'azur au chevron d'argent, accompagné de 2 levrettes courantes de même.

241. DE CABARET, Louis-André, seigneur de la Croulière. — D'azur à l'agneau pascal d'argent, diadémé de même, la banderolle d'argent, chargée d'une croix de gueules, au chef d'or chargé de 3 roses de gueules.

242. FORTIN, Thomas, seigneur de Homme, receveur général des traités des armoiries en Champagne, et Louise Luillier, sa femme. — De sable au fortin de 4 bastions d'argent, chargé d'un cœur de gueules, entouré d'une couronne d'épines de sinople, accolé d'azur au chevron d'or, accompagné de 3 coquilles de même.

244. CHANLAIRE, Gilles, seigneur de Chémery, garçon des chiens courants de la grande louveterie. — D'or à une foy de carnation, parée d'azur, supportant un cœur enflammé de gueules, adextrée d'une épée de sable en pal, et senestrée en chef d'une étoile de même.

245. D'ESPINAY, feu François, seigneur d'Estremont, et suivant les déclarations de Jeanne Aubertin, sa femme. — D'azur à trois besaces d'or, mis en bande.

246. LES RELIGIEUSES DE VINAY.

247. LES JÉSUITES DE CHALONS.

2

249. RAULIN, Jean, receveur des tailles en l'élection de Sainte-Ménehould. — Encastré d'azur à la levrette courante d'argent, accolé de gueules et d'azur à 5 clefs d'or, les pannetons à senestre, 2 et 1.

250. La Congrégation de Sainte-Marie.

251. Les Ursulines.

252. Les Religieuses de Saint-Sauveur, de Vertus.

256. BILLARD, Geoffroy, lieutenant particulier au bailliage de Vertus. — D'azur au chevron accompagné de 2 étoiles et d'une tête de lion, le tout d'or.

257. RAULET, Louise, veuve de Claude Noël, écuyer, seigneur du Plessis. — D'azur au lion au naturel, au chef d'or, chargé de 5 taux de sable, celui du milieu renversé.

258. ROMAIN, Pierre, lieutenant général de la comté de Vertus. — D'azur au chevron d'or, accompagné de 2 roses et une cigogne d'argent.

259. LEMAISTRE, Jean, chanoine de Saint-Jean de Vertus. — D'azur à 5 trèfles d'or, 2 et 1.

260. LANGLOIS, Joachim, écuyer, seigneur de Chevigny. — D'azur à 5 roses d'argent.

261. GROSSART, Charles, avocat du roi au présidial. — De gueules à 2 épées d'argent, en sautoir, pointe en bas, accompagnées de 2 levriers de même, en chef et en pointe.

266. LE BASCLE, Charles, chevalier, seigneur d'Argenteuil, Chapelaine, Somme-Soude, etc. — Ecartelé de gueules à 5 macles d'argent et d'argent à une croix dentelée de gueules.

267. Le Couvent Saint-Joseph.

268. BAUDERET, Jean, directeur des domaines en Champagne. — De gueules à la face d'or, accompagnée de 2 croissants et d'un lion léopardé d'argent, 2 et 1.

270. **DE PINTEVILLE** (Guillaume) le jeune, bourgeois de Châlons. — N° 7.

272. **DE LA COUR** (Claude-Guillaume), chanoine de la Cathédrale. — D'or au chevron d'azur accompagné de 2 roses de gueules et d'une hure de sable.

274. **DE PINTEVILLE** (Guillaume) l'aîné, bourgeois. — N° 7.

292. **LESTACHE** (François), chanoine de la Cathédrale. — D'or à la croix de gueules, chargée de 5 coquilles d'argent.

294. **DE BOUZEMONT** (Jean), chanoine de la Cathédrale. — D'azur à 2 épées en sautoir, pointes en bas, à l'étoile d'or en chef.

298. **LESTACHE** (Michel), chanoine de la même. — N° 292.

299. **LESAGE** (Pierre), lieutenant des faubourgs de Chaalons. — D'azur à une main fermée d'argent, portant un faucon d'or, accompagnée en chef de 2 étoiles de même.

301. **HAVETEL** (Jean), chanoine d'icelle. — D'azur à 2 licornes saillantes et affrontées d'argent.

502. **BILLECART** (Gérard), chanoine d'icelle. — D'azur à la face d'or, accompagnée de 3 raisins d'argent en chef et d'une levrette de même en pointe.

510. **LE CHAPITRE NOTRE-DAME EN VAULX.** — D'argent à la Vierge tenant l'enfant Jésus d'or.

313. **LE GAY**, Antoine, secrétaire de l'Intendant. — D'or à 5 roses de gueules, 2 et 1.

514. **ROSNAY**, Jean, chanoine de la Cathédrale. — N° 581.

515. **DORIGNY**, Jérémie, conseiller en l'hôtel-de-ville. — D'argent à la croix de sable, chargé d'une rose de fond. — N° 115.

316. **MONTGEOT**, Jean, écuyer, seigneur de

Chesnier. — D'azur à 5 glands d'or, 2 et 1, à la coquille d'argent en chef.

517. DE BAR, feu Claude, écuyer, secrétaire du roi, suivant la déclaration de Perrette de Pinteville, sa veuve. — N° 9.

525. N. DE PINTEVILLE, femme de N. de Bar, trésorier général des finances. — N° 7.

526. D'ESPINAY, feu François (voir plus haut).— N° 245.

527. LANGOUET, Marie-Anne, femme de Michel Jourdain de Chanteraine, trésorier des finances. — D'azur à deux épées d'argent en sautoir, pointes en bas, poignées d'or.

555. DUMOULINET DE LOISY, Louis. — N° 5.

540. TAUXIÈRE, N., chantre d'honneur et chanoine de la Cathédrale. — D'azur au chevron d'or, accompagné de 5 roses d'argent.

549. DORIGNY, Anne, veuve de Jacques Le Gorlier, trésorier de France. — D'argent à la croix de sable, chargée en cœur d'une losange du fond.— N° 515.

555. DORIGNY, Henriette, femme de Nicolas de Saint-Geniez, conseiller au présidial. — N° 543.

560. GODET, Gaspard, écuyer, seigneur de Crouy. — N° 120.

561. DUPIN, Louis, écuyer, seigneur d'Aulnizeux. — De gueules au lion d'or.

562. N. DE LUSANCY, abbé de Saint-Sauveur de Vertus. — D'or à 7 merlettes de gueules. 4, 2 et 1.

565. DE LESTRÉES, Antoine, écuyer, seigneur de Beaufort. — D'azur au chevron d'or, accompagné de 5 étoiles d'argent (1).

567. LEBEL DE GRESCOURT, N., chevalier,

_____

(1) Lallemant, baron de Lestrée, famille remontant au xv⁰ siècle.

seigneur de Chevigny. — D'azur au chevron d'or, accompagné de 3 molettes d'argent.

566. La veuve de M. Cugunon, seigneur de Saint-Benoist. — De gueules à 3 étoiles d'argent.

568. La femme de Georges-Thierry Fagnier de Vienne, trésorier de France. — D'argent à la face de gueules, accompagnée de 3 têtes de léopard de sable.

570. DU TANNOIS, H., capitaine de milice. — D'or au chevron de gueules, accompagné de 3 tourteaux de sable.

573 N. CLOSIER DE SOULIER, capitaine d'infanterie. — D'azur à 3 glands d'or, 2 et 1. (Erreur, voir n° 43, note).

574. DE RENAUT DE LA BORDE, Françoise, demoiselle. — De gueules à 7 losanges d'or, 3, 3 et 1.

575. JOURLANT, Daniel, écuyer, seigneur de Brieulle-sur-Marne. — D'argent au lion de gueules.

578. La veuve de N. Leclerc, grand prévôt de Chaalons. — D'azur à la bande d'argent chargée de 3 roses de gueules. — (Erreur, voir n° 42.)

581. N. ROSNAY, capitaine de dragons. — De gueules à la croix d'or, cantonnée de 4 étoiles de même.

582. N. DE BILLY, écuyer, seigneur de Gigny.— Vairé d'or et d'azur.

583. N. DE RIAUCOUR, seigneur de Drosnay.— D'argent à 3 faces de gueules, frettées d'or.

591. LE MAITRE, Toussaint, chanoine de la Cathédrale. — N° 259.

593. LA VILLE DE VERTUS. — D'argent au cœur de gueules, percé d'une flèche de sable, ferré d'argent. — Devise : *Vicit post funera Virtus.*

598. LASSON, Daniel, médecin. — D'azur à 2 épées d'argent en sautoir, pointes en bas; à la tête de maure de sable, tortillée d'argent en pointe.

401. PIETRE, Pierre, procureur au présidial. — D'argent.

402. PIETRE, Claude, substitut et adjoint aux enquestes du présidial. — D'azur au cœur d'or, enflammé de gueules, surmonté de 3 étoiles d'argent, posées 2 et 1.

409. JEANNET, François, greffier du consulat. — D'azur au chevron d'or, accompagné en chef de 2 étoiles d'argent, en pointe de 2 épées d'or en sautoir, la pointe en bas.

416. LE MOYNE, Nicolas, conseiller au présidial. — D'argent au chevron de gueules, accompagné de 5 mouchetures d'hermine. — N° 23.

440. LE DIEU, Antoine, curé d'Avenay. — D'azur au pélican d'argent, dans son aire avec sa piété; au chef d'argent chargé de 2 étoiles de gueules.

442. CACHAT, Louise, femme de Jean-Baptiste Jacobé, conseiller au présidial. — D'argent au chevron de gueules, accompagné en pointe d'une branche de laurier de sinople : au chef de gueules, chargé de 5 étoiles de gueules. — N° 54.

447. LE MOYNE, Remi, chanoine de Notre-Dame en Vaulx. — N° 23.

252. PERCHENET, Pierre, avocat au présidial. — D'argent à 2 pals de gueules.

253. BROCQ, Jean, lieutenant criminel de robe courte. — D'azur à la bande fuselée d'or (1).

254. Le Couvent de Saint-Pierre-au-Mont. — De gueules à 2 clefs d'or et d'argent en sautoir.

255. Les Chanoines de Toussaints. — D'azur à une raie d'escarboucle, pommettée de fleurs de lys d'or.

258. PÉRIGNON, Nicolas, marchand. — De gueules à la bande d'argent, chargée de 5 tourteaux de sable.

(1) Existe encore.

239. BOUIN, Claude, maître apothicaire.— D'azur au croissant d'argent, accompagné de 3 étoiles de même.

243. Le Couvent de Saint-Memmie. — D'azur à la croix d'or en pal, accosté de S et M de même.

248. JACQUESSON, Remy, marchand et receveur en l'hôtel-de-ville. — De gueules en sautoir d'argent.

253. MAUPIEDS, Jean, président en l'élection.— D'azur au chevron d'or, accompagné de 2 étoiles d'or et une rose d'argent.

254. Jacinthe-François VALPERGNE de Mazin, abbé de Saint-Pierre-au-Mont. — Facé d'or et de gueules de six pièces, à la tige de chanvre arrachée d'argent, brochant.

255. L'Abbaye de Montcets. — Semé de France à la crosse d'argent en pal.

262. L'Abbaye de Toussaint. — De même que le n° 255.

263. PERCHENET, Claude, chanoine de la cathédrale. — N° 252.

264. GUYOT, Pierre, chanoine d'icelle. — De sable au lion d'or.

265. MAUDUIDS, François, chanoine de la Trinité de Châlons. — D'argent à 5 roses de gueules.

269. RENARD, Philippe, chanoine honoraire de la Cathédrale. — D'argent au chêne de sinople englanté d'or ; au renard de gueules passant devant le pied.

271. La Communauté des Drapiers et Merciers.— D'azur à la balance d'or et à l'aune d'argent, marqués de sable, mise en pal et brochant.

275. THUUEGNE, François, pâtissier et lieutenant de la bourgeoisie. — D'azur au chevron d'or, accompagné de 3 épées de même.

275. LAGUILLE, Pierre, apothicaire et capitaine de bourgeoisie. — D'or à la croix ancrée de sable.

276. DE SAINT-REMY, Pierre, archidiacre et chanoine de la Cathédrale. — D'azur à la face d'or.

277. N. DOMBALLE, chanoine d'icelle. — Nº 190.

278. DE LISLE, Michel, chanoine de Notre-Dame en Vaulx. — D'azur au chevron d'or, accompagné de 3 besans d'argent.

279. COUSINA, Jacques, marchand, bourgeois. — Nº 199.

280. GAISSIER, Sébastien, marchand, bourgeois. — D'azur à 3 besans d'argent.

281. PIETTRE, Michel, chanoine de Notre-Dame. — D'argent à la face d'azur, accompagné de 3 roses de gueules. (Voir nº 401).

282. JUILLIER, Toussaint, curé de Villevenard. — De gueules à la bande d'argent, chargée de 3 quintefeuilles d'azur.

283. SARRY, Jacques, marchand. — D'argent à 3 cœurs de gueules.

384. Le Prieuré de L'Épine. — D'azur au chevron d'argent, accompagné de 3 roses de même.

285. DE LANNEUX, Jean, bourgeois. — Lozangé d'or et d'azur.

286. DE VIGE, Jean, exempt de la maréchaussée. — D'argent fretté de gueules.

287. COURTOIS, Claude, chanoine de Notre-Dame en Vaulx. — D'or à l'ours passant de sable.

288. JOURDAIN, Jean, avocat au parlement. — D'azur au dain passant d'or, et au soleil d'or naissant en chef de dextre.

289. DUBOIS, Joseph, chanoine de la Cathédrale. — De sable au cor d'or en chef, et en pointe au lévrier courant d'argent.

290. TROCHET, Guy, bourgeois. — D'argent au chevron d'azur, accompagné de 5 tourteaux de gueules.

291. GUILLAIN, Augustin-Nicolas, prieur de St-Martin de Vertus. — D'azur à la face d'argent, bordée de gueules.

293. JACQUESSON DE MAFFRÉCOURT, Paul, marchand. — De gueules au chevron d'argent, accompagné de 5 cloches de même.

295. COLLESSON, Nicolas, chanoine de la Cathédrale. — D'argent à la vache de gueules, accolée et clarinée d'azur.

296. COLLARD, Jean, greffier en l'élection. — D'azur à la face d'argent, chargée de 5 merlettes de sable

297. THOMAS, Jean, sous brigadier de la Foraine. — De sable en sautoir d'argent.

300. LEGENTIL, Pierre, chanoine de Notre-Dame en Vaulx. — De sinople à l'aigle d'argent, couronné, becqué et membré de gueules.

303. PRIEUR, Jean, capitaine de quartier. — Ecartelé d'argent et d'azur au lion d'or brochant.

305. THUUEUYEN, Pierre, curé de St-Antoine de Châlons. — D'or à 3 pals d'azur au chevron d'argent, brochant.

306. N. LEGORLIER, fille. — De sinople à la bande d'or. — N° 66.

307. HUGUET, Claude, marchand drapier. — D'argent à 5 lions de gueules.

308. STRAPART, Augustin, bourgeois. — D'or semé de croisettes de sable, au lion d'argent brochant.

309. NOSLIN, N., chanoine de Notre-Dame en Vaulx. — Bandé d'or et d'azur de six pieds.

511. MOSNIER, Charles, commissaire des poudres en Champagne. — D'argent à la face de gueules, accompagné de 5 aiglettes de même.

2*

312. LECLERC, Jean, conseiller au présidial. — D'azur à 5 croissants d'argent (1).

318. BESCHEFERT, N., femme de Antoine de Bar de Saint-Martin, trésorier de France. — D'azur à 2 épées d'argent en sautoir.

319. LE VAUTREL, N., femme de Jacques-Joseph Deu, trésorier de France. — D'azur à la face d'argent chargée de 5 roses de gueules. (Erreur, voir nᵘˢ 21 et 53.

320. BESCHEFERT, N., femme de Paul de Corvisier, procureur et avocat du roi au bureau des finances. — Nᵒ 18.

321. DE SAINT-REMY, Pierre, seigneur de Dommartin, capitaine d'infanterie. — Nᵒ 276.

322. N. DE COUVROT, femme de N. Fagnier, trésorier de France, vérificateur des comptes des étapes en Champagne. — D'azur à la tour couverte en dôme d'argent, maçonnée de sable, girouettée d'or.

324. DE LESPINE, Louis, chevalier, seigneur du lieu, lieutenant-colonel du régiment du roi (cavalerie) (2) — D'azur à 5 roses d'or, tigées et feuillées.

325. N. LE GORLIER, chanoine de la Cathédrale. — Nᵒ 66.

328. GÉRARD, N., femme de Daniel Hocquart, trésorier de France. — D'argent au chevron de gueules accompagné de 5 losanges de même.

329. N., femme de Claude Billet, trésorier de France. — D'azur à la levrette d'argent, accolée de sable, surmonté d'un croissant d'or.

<hr>

(1) Erreur, voir nᵒ 42. — Il s'agit ici de Jean Leclerc de Morains, marié à Catherine Le Moyne, et père : 1ᵒ d'André, président trésorier de France (1742), qui eut de Marie de Papillon, Mᵐᵉ la comtesse de Wignacourt; 2ᵒ Mᵐᵉ Morel de Vitry, morte en 1755, d'où les du Boys de Riocourt; et 3ᵒ de Pierre Benoît, lieutenant-général au bailliage, mort en 1753, laissant de Marie Lallemant : Mᵐᵉˢ de Pinteville, Deu de Vieux-Dampierre et la comtesse de Chiéza.
(2) Le nom de la famille est Clément. — Existe encore.

550. **ADNET, N.**, lieutenant de la bourgeoisie. — D'argent au lion de gueules, couronné d'or.

551. **COLLART**, Toussaint, lieutenant d'icelle. — D'azur à la face d'argent, chargée de 3 merlettes de sable.

552. **N.**, femme de Philippe Saguez, écuyer. — D'azur à la licorne passant d'argent.

554. **GODET**, Edme, contrôleur des monstres. — N° 120.

555. **ADAM**, Claude, avocat. — N° 551.

556. **PÉRONNE, N.**, chanoine de la Cathédrale et grand pénitencier. — D'azur au chevron d'or, accompagné de 3 molettes de même.

557. **MAUPAS**, Louis, adjoint à la maréchaussée. — De sable au lion passant d'argent.

558. **N. DE BAR DE SAINT-MARTIN.** — D'azur à 2 bars adossés d'or.

559. **N.**, femme de N. Du Bois de Farémont, trésorier de France. — D'or à l'aigle de sable, becqué et membré de gueules.

541. **VUIRIOT**, Pierre, bourgeois. — D'argent à 3 faces vivrées d'azur.

542. **ADAM**, Pierre, avocat. — N° 135.

543. **ROUSSEL**, Ambroise, bourgeois. — D'argent en demi-vol de gueules sortant d'un croissant d'azur.

544. **N.**, veuve de N. Jourdain, procureur du roi à l'élection. — De gueules à trois roses d'argent.

545. **MAUPAS**, Pierre, bourgeois. — N° 537.

547. **MOREL**, Jean, bourgeois. — D'or au chevron d'azur, à la tête de maure de sable en pointe.

548. **ELISABETH MOREL**, veuve de François Le Gorlier, président-trésorier de France. — N° 347.

550. **LORINET**, Benoît, lieutenant de bourgeoisie. — D'azur en sautoir d'or.

551. N. LE MOYNE, femme de N. Leclerc, conseiller au présidial. — D'argent à 2 bandes d'azur. — (Erreur, voir n° 23, 42 et 512).

554. DE CORDEVANNE, Charles, seigneur d'Angers. — D'azur à la croix d'or.

555. HENNEQUIN, N., curé de Chepy et seigneur de Saint-Martin-aux-Champs. — D'argent au chef de gueules, chargé d'un lion d'or.

556. N. CHARMEL, officier chez le roi. — D'azur à 2 lions affrontés d'or.

558. JOURDAIN, Pierre, bourgeois. — N° 288.

559. DE CAUSA, Marguerite, veuve de Charles de Cauchon, écuyer, seigneur de Somme-Yèvre. — D'argent à la bande d'azur, au chef de gueules, chargé d'un soleil d'or. — N° 111.

564. FERAND, Paul, seigneur de Bouleaux. — D'azur à 3 épées d'argent, garnies d'or, en pal, pointes en bas.

567. ABBAYE D'ANDECYS. — D'azur à une Assomption d'or.

569. LE CORPS DE L'ÉLECTION DE CHALONS. — De France.

571. LES CORPS DU PRÉSIDIAL. — De même.

572. NOEL, Jacques, écuyer, seigneur de Vouzy. — D'azur au chevron d'or, accompagné de 3 alérions d'argent.

574. DE HENAULT, Remi, seigneur de Launay, Colligny, Pré-Chevalier. — D'or au chevron alaisé d'azur, accompagné de 3 têtes de maures de sable, tortillées d'argent.

576. DES BOEUFS DE VARENNES, N..., seigneur de Saint-Martin-aux-Champs. — De gueules au bœuf passant d'or, la queue fourchue, passée en sautoir entre ses jambes et renversée sur le dos.

579. GODET, feu Henry, chevalier, seigneur de

Soudé, Dommartin-Lettrée, de Artillions, suivant déclaration de sa veuve, Claude de St-Saulieu. — N° 120
et accolé d'azur à la croix d'or, cantonné de 14 croisettes de même, 4 et 4 en chef, 5 et 5, en pointe.

204. DE NOEL, Etienne, seigneur de Champagne.
— N° 576.

985. LE BEGAT, Daniel, chevalier, seigneur de
Chalette. De sable à la croix engrelée d'argent, cantonnée aux 1er et 4e d'une étoile de même.

586. ADNET, Antoine, écuyer, seigneur de Part.
— D'azur au lièvre d'or, en forme au pied d'un cyco-
more d'argent.

587. DE VILLELONGUE, Jean, écuyer, seigneur
de Guignicourt. — Ecartelé d'or au loup de sable et
d'azur à la gerbe d'or.

588. LE PRIEURÉ DE SAINTE-MADELEINE DE COURTI-
SOLS. — D'azur à la Madeleine d'or.

589. H. DE SOMMEVILLE, cadet. — De gueules
au chevron d'argent.

590. MILSON (H.), doyen de Saint-Etienne de
Troyes. — D'or à la croix d'azur, cantonnée de 4
cloches de même.

392. MILLET (Pierre), chanoine de la Cathédrale.
— D'azur au rocher d'or dans une mer d'argent.

594. H. D'ANGEVILLE, dame de Moivre. — D'or
à la bande d'azur.

595. N. DE LA COUR, aîné, seigneur de Champagne. — D'azur au château d'argent, maçonné de
sable.

596. N. DE LA COUR, cadet, seigneur de Champagne. — N° 596.

597. GARGAM (Marie), fille. — D'argent au lion
de sable, accompagné de 5 merlettes de même. (Erreur,
voir n° 58.)

399. FAVERET (Jean), consul. — D'or à 5 bandes de sable.

400. La Femme de Nicolas HERMAND, conseiller au présidial. — De sable en sautoir d'or.

403. DE BAR (Joseph), procureur à siége royal et de Châlons. — N° 9.

404. CLÉMENT (H.), conseiller de ville. — De gueules au chevron d'argent, accompagné de 5 colombes de même.

405. LEGRAS (Elisabeth), femme de M. Masson, lieutenant général au bailliage du comté de Chaalons. — D'azur à 5 roses d'or.

406. BOUCHÉ (H.) l'aîné, chanoine de la Trinité. — D'azur à 5 étoiles d'or.

407. GROSSETÊTE (Gaspard), conseiller au présidial. — D'azur à 5 gerbes d'or.

408. BALIOT (Joseph), substitut du procureur du roy. — De gueules à 5 coquilles d'argent.

410. LA COMMUNAUTÉ DES APOTHICAIRES. — D'azur à la main d'extre et carnation, tenant une spatule d'argent, accompagnée de 5 boîtes couvertes d'or, 2 et 1.

411. CHAMPENOIS (Jean), procureur au présidial. — D'azur en sautoir de gueules, accompagné de 4 lys de jardin au naturel.

412. LA COMMUNAUTÉ DES CHIRURGIENS, BARBIERS ET PERRUQUIERS. — De gueules à 2 spatules en pal, en chef; en pointe à la paire de ciseaux mise en sautoir, le tout d'argent.

413. ROBIN (Cosme), notaire. — D'argent à l'arbre de sinople, à l'écureuil de gueules grimpant contre le tronc.

414. HUART (Noël), médecin. — D'or à 5 corbeaux de sable.

416. MARCHAND (Claude-Antoine), juré-crieur, ancien consul. — D'azur au chevron d'argent.

417. CHAUFFOT (Jacques), notaire. — D'argent au soleil de gueules.

418. H. ANTOINE, chapelain de Ste-Marguerite. — D'azur au chevron d'argent.

419. DE PAPILLON (Elisabeth), femme de Pierre Deu, conseiller du roy et honoraire au présidial, seigneur du Vieil-Dampierre. — De sinople à 3 papillons d'argent, miraillés de sable, 2 et 1.

420. DE BAR (Philippe), procureur à siége royal. — N° 9.

421. LE MOYNE (Charles), chanoine de la Trinité. — De gueules à 5 croissants d'argent.

422. N. — Femme de Pierre Drany, écuyer seigneur de Varny. — De gueules à 5 quintefeuilles d'argent.

423. FÉLIX (Louis), notaire. — D'or au lion de gueules.

424. PRAUSSIN (N.), curé de Saint-Sulpice de Chaalons. — De gueules au calice d'argent.

425. DES HAYES (Martin), ancien notaire. — D'argent à 3 faces d'azur.

426. FRONTIN (Nicolas), marchand, ancien consul. — D'azur au chevron d'argent, accompagné de 3 coquilles de même.

427. LE COCQ (Jacques), chanoine de la Trinité. — De gueules à 3 coqs d'argent, becqués et barbés d'or.

428 CHEDET (Claude), médecin. — D'argent à 3 fusées de sable en face.

429. DE MONCHY (François), exempt de la maréchaussée. — D'azur au lion d'or.

430. DUVET, Marguerite Tanche, femme d'Antoine Paris, conseiller au présidial. — D'azur au chevron, accompagné en chef de deux roses, tigées et feuillées, et en pointe d'une tête de lion, arrachée, et surmontée d'un sautoir alaisé, le tout d'or.

451. FAURE (H.), recouvreur des affaires du roi. — D'or à la bande d'azur.

452. LAGUILLE (Pierre), notaire. — D'azur à la pyramide d'or.

453. GUYOT (Pierre) le jeune, ex-consul. — De sable en sautoir d'or.

454. BEGUIN (Pierre), prieur de Loisy-en-Brie.— D'azur à la croix d'argent.

455. JOURDAIN (Nicolas), curé de Soullières. — N° 288.

456. FÉLIX (Pierre), procureur à siége de Châlons. — N° 423.

457. FLEURY (Charles), marchand, ex-consul. — D'argent au rosier de sinople, fleuri de gueules.

458. COLLET (François', ex-écuyer de la maréchaussée. — D'azur à 5 haches d'armes d'argent, emmanchées d'or, en pal.

459. PHILBERT (Raould), intéressé dans les fermes du tabac. — D'or au chevron de sinople.

441. DE PARVILLEZ (Madeleine), femme de Germain des Roys, conseiller d'honneur au présidial. — D'azur à 5 chiens passant d'argent.

443. RAPINAT (Claude), curé de Matougues. — D'azur au croissant d'or.

444. GUYOT (Jean), notaire. — N° 453.

445. LE GENTIL (Anne), femme de M. Le Certain, conseiller au présidial. — D'or à l'aigle à 2 têtes de gueules. (Voir n° 300).

446. Le grand Séminaire. — De gueules au nom de Jésus d'argent.

Seconde liste, du 11 mai 1701.

10. DE GOUJON (Nicole), femme d'Antoine de Godet, écuyer, seigneur d'Aulnay-sur-Marne. — D'azur au chevron d'or, accompagné de 5 losanges de même. 2 et 1 (1).

11.12. DE BRIQUENET DE NOEL (Joachim), écuyer, seigneur de Chevigny en partie. — D'azur au chevron d'or, accompagné de 2 molettes et d'un lion, le tout d'or.

13.20. PHILOQUE (Nicolas-Eustache), contrôleur au grenier à sel. — N° 95.

24. JOURDAIN (Pierre), chanoine de la Cathédrale. — N° 22 (première liste).

28. DE VASSAN, femme séparée de biens de Jean Boucher, seigneur de la Grangette. — D'azur au chevron d'or, accompagné de deux roses et d'un croissant d'argent.

35. LA COMMUNAUTÉ DES BOULANGERS. — D'azur au saint Barnabé d'or, croix et mittré d'argent.

46. VIENOT (Gilles), maire perpétuel de Vertus.— D'azur à 2 épées d'argent, en sautoir, gardes et poignées d'or, pointes en haut, emmanchées d'une étoile d'argent et avec une gerbe d'or en pointe.

53. DE MANGET (Joseph), curé de Saint-Mard-sur-le-Mont. — D'argent à 2 têtes humaines au naturel, affrontées.

55. DE MAY (Joachim), écuyer, seigneur de Savary et Aulnay-aux-Planches. — D'azur à l'arbre d'or.

57, 58, 59, 60, 61. Ont payé à l'huissier sans qu'on sache les noms.

1. ROGER (François), curé de Bannes. — D'or à la face de gueules, accompagné de 5 roses de même.

(1) Famille des marquis de Goujon de Thuisy. — Existe.

2. La Communauté des Tanneurs. — De gueules à 2 couteaux de tanneur d'argent, emmanchés d'or, en sautoir.

3. THIRION (Jérôme), bourgeois et ex-consul. — D'argent à la bande de gueules, accompagnée de 3 trèfles de sinople.

4. DE VEVOT (François), directeur général des étapes de la généralité. — D'azur au griffon d'or.

5. MAUPAS (François), notaire. — De sinople au lion passant d'or. — N° 337.

6. ROYER (Samuel), exempt de la maréchaussée. — De gueules à 3 roses d'argent.

7. LEFEBVRE (Jean), curé de Charmont. — D'azur à 3 croix pattées d'or.

8. La Communauté des Mégissiers, Chaudronniers et Maréchaux. — De gueules à la face d'hermine, accompagné de 2 marteaux et d'un chaudron d'or, 2 et 1.

9. MILSON (Claude), notaire. — N° 390.

11. La Communauté des Cordonniers et Savetiers. — De sable au tranchet d'argent, emmanché d'or.

13. La Communauté des Pelletiers, Manchonniers, Bonnetiers et Chapeliers. — D'or à la croix d'hermine, cantonnée aux 1er et 4e d'un chapeau de gueules, aux 2e et 3e d'un manchon de sable.

14. La Communauté des Cuisiniers, Rôtisseurs, Tonneliers, Gourmets et Vinaigriers. — D'azur à 2 broches d'argent en sautoir, accompagnées en chef et en pointe d'un baril d'or cerclé de sable.

15. La Communauté des Patissiers et Pains d'Épiciers. — D'argent à la palle de four de sable en pal, chargée de 3 croix pattées d'or, accostées de 3 pains de gueules.

16. COCQUART (Anne), fille majeure. — D'azur au chevron d'or, accompagné de 3 besans d'argent.

17. LA COMMUNAUTÉ DES SELLIERS, BOURRELIERS ET TISSERANDS. — D'argent au collier de cheval de gueules, accosté à dextre d'un marteau de même, et d'une navette de sable, posée au pal à sénestre.

18. LA COMMUNAUTÉ DES ORFÈVRES ET POTIERS D'É-TAIN. — D'azur à la croix d'or, cantonnée de 2 boîtes couvertes de même, et 2 pots d'étain au naturel.

19. LA COMMUNAUTÉ DES LIBRAIRES ET IMPRIMEURS. — D'azur au livre ouvert d'argent, accosté de 2 fleurs de lys d'or.

20. LA COMMUNAUTÉ DES PANNETIERS, VANNIERS, CHARRONS, CORDIERS ET CHANVRIERS. — De gueules à une Notre-Dame d'argent.

22. FAGUET (N.), curé de Pargny. — D'argent au pal d'azur.

23. LA COMMUNAUTÉ DES DRAPIERS ET SERGERS. — D'azur à une aune d'argent, marquée de sable, en bande.

25. FÉLIX (Antoine), notaire, auditeur à l'hôtel-de-ville. — N° 423.

26. DE BAR (Nicolas), procureur au présidial. — N° 9.

27. LA COMMUNAUTÉ DES SERRURIERS, TAILLANDIERS, ARQUEBUSIERS ET CLOUTIERS. — D'or à 3 maillets de sable, 2 et 1.

29. LE PRIEURÉ DE GRAUVES. — De gueules à la croix d'argent.

30. LA COMMUNAUTÉ DES MENUISIERS, TOURNEURS ET ENJOLIVEURS DE BOIS. — D'azur au saint Joseph d'or, tenant à la main droite un lys au naturel.

31. JACQUINET (Martin), curé de Recy. — De sable à 3 croix au pied fiché d'or.

32. LA COMMUNAUTÉ DES BOUCHERS ET CHARCUTIERS. — De gueules au besan d'argent en pal.

33. LA COMMUNAUTÉ DES CIRIERS, CORROYEURS, VI-

TRIERS ET CHANDELIERS. — D'azur à la Notre-Dame d'argent.

34. LA COMMUNAUTÉ DES MARCHANDS DE FER ET VOITURIERS PAR EAU. — De sinople au saint Nicolas d'or.

26. — LASSON (Louis), curé de Congy. — D'azur à la face d'or, accompagnée de 5 croisettes de même.

27. HORGUELIN (Pierre), curé de Montaly. — D'or à la croix de gueules.

59. DU BOIS (Antoine), curé de Vanault. — D'argent à la croix haussée de sable.

59. LES OFFICIERS DU GRENIER A SEL. — D'or à la face d'azur, chargé de 5 fleurs de lys d'argent.

40. LA MINISTRERIE DE LA VEUVE. — D'azur à la croix d'or.

41. LA COMMUNAUTÉ DES TAILLEURS ET COUTURIERS. — D'azur à une paire de ciseaux d'or ouverts.

42. JOLLIVET (Jérôme), directeur des domaines. — D'or à l'aigle d'azur.

43. AUBRY (François), doyen de Possesse. — D'argent à la bande de sable, chargée de 5 croix d'or.

44. LE PRIEURÉ DE TOURS-SUR-MARNE. — D'azur au bâton prieural d'argent, accosté de 2 tours d'or.

45. LE GOIX (Louis), écuyer, seigneur d'Athis. — Ecartelé d'azur à 5 têtes de béliers d'or et d'argent à 5 L gothiques de sable (1).

47. PÉRARD (Charles), procureur au présidial. — D'argent à 5 cœurs de gueules.

48. RAUSSIN (Jacques), curé de La Veuve. — D'argent au croissant de gueules, accompagné de 5 roses de même.

49. LE GORLIER de Drouilly (Marguerite), femme

(1) Famille anoblie pour services militaires, 17 mars 1588. — Erreur, c'est pour la seconde partition, d'azur à 5 roses d'or.

de N. Horguelin, écuyer, seigneur de Nuisement, gentilhomme ordinaire de Monsieur. — D'azur à 2 étoiles et
un besan d'or, 2 et 1. — Nᵒˢ 45 et 66.

50. DE BEAULIEU (Henri), écuyer. — D'azur au
vol d'argent, accompagné en chef de 2 étoiles d'or.

51. DE LA GRANGE (N.), écuyer. — D'azur à la
tour d'or.

52. GAMBAULT (Antoine), avocat et bailli de la
comté de Vertus. — De gueules au lion d'or, accompagné de 3 coquilles d'or, 2 et 1.

55. La Communauté des Massons, Couvreurs, Tor-
cheurs et Renduiseurs. — D'azur à la truelle d'argent,
emmanchée d'or.

56. La Communauté des Retondeurs et Charpentiers. — D'azur au saint Joseph d'or, tenant de la
main dextre un lys au naturel

II.

Election de Sainte-Ménehould.

1. BAILLET (Claude), écuyer, seigneur de Planches (1).
— D'argent au loup cervier rampant, au naturel, au chef
d'azur chargé de 3 molettes d'or.

2. DE SAINT-REMY (Nicolas-Félix), conseiller au bailliage. — D'azur au chevron d'or, accompagné de 2 étoiles
d'or et d'une rivière ondée d'argent, chargée d'une truite
saumonée au naturel.

3. DEZ (Nicolas), conseiller au présidial et subdélégué (2). — D'azur à la face d'argent, accompagné de 3
étoiles de même, rangées en chef et d'une levrette courante, aussi d'argent en pointe.

(1) Ancienne famille noble, titrée du comté d'Epense, et qui possé-
dait un grand nombre de seigneuries autour de Sainte-Ménehould.
(2) Vieille famille bourgeoise qui a fourni un Jésuite assez célèbre.

5. AUBERTIN (Christophe), officier au grenier à sel. — De gueules au lion d'or, tenant une branche de laurier de sinople.

6. AUBRY (Marie-Madeleine), veuve de Jean Drouete, écuyer, élu au grenier à sel. — D'argent à la croix nilée de sable (armes de son mari).

7. REGNAULD (Marie), veuve de Antoine Dorlodo, écuyer, seigneur de Rouxelle. — D'azur au croissant d'argent, accompagné de 5 étoiles d'or.

8. DORTU (Jean-Jacques), lieutenant des eaux et forêts. — D'azur au chevron d'argent, accompagné de 2 étoiles de même et un croissant d'or.

10. GEOFFROY (Nicolas), écuyer, lieutenant criminel de robe courte et chevalier du guet. — D'azur au chevron d'or, accompagné de 5 étoiles d'argent.

11. HOCCART (Jean-Jacques), greffier en chef du bailliage (1). — De gueules à 5 roses d'argent.

12. LEDOUX (Louis), procureur du roi de la ville, conseiller au bailliage. — D'azur au lion d'argent, accompagné de 5 étoiles de même.

13. HACQUETEAU (Claude), veuve de Claude Hoccart, procureur du roi et toutes les juridictions. — N° 11.

14. BAILLET (Claude), chevalier, seigneur de Daucourt, et capitaine au régiment de la Ferté, et maréchal de bataille. — N° 1.

15. BAILLET (Armand), seigneur d'Espense. — N° 1.

16. DE PAVAN (Elisabeth), veuve de Louis de Son, écuyer, seigneur de Montfauxel. — De gueules fretté d'or, au franc canton d'azur, chargé d'un œillet d'argent.

17. DE ROUCY (Robert-Hubert), chevalier. — De gueules au choux d'or (2).

18. DE LARDENOIX DE VILLE (Albert), chevalier, seigneur de Dohan et Termes. — D'azur à 2 trangles tortillées et entrelacées d'argent, côtoyées de 2 autres d'argent.

_____

(1) Famille noble du XIVe siècle, qui a fourni quatre branches, dont une à Châlons existant encore en 1789, et une à Paris, éteinte à la fin du dernier siècle dans les maisons de Brissac, d'Ossun et de Montesquiou.

(2) Famille remontant à l'époque carlovingienne; comté de Roucy. — Existe.

19. DE DECMY (Pierre-Gabriel), écuyer, seigneur de Fontenay. — D'azur à la face d'argent, surmonté d'une étoile de même.

20. DE VILLIERS (Jean), écuyer, seigneur de Jonval. — De gueules à 3 faces d'or, surmontées de 3 molettes de même.

21. DE GILET (Nicolas-Charles), écuyer, seigneur de Livry. — D'azur à la face d'argent, surmontée de 2 croissants de même.

23. DE LACRÉ (Philbert), écuyer, seigneur de Tenocques. — D'azur à l'aigle d'or, accompagné de 2 croix pattées d'or, au pied fiché, en chef.

23. DE BERLE (Louis), chevalier, seigneur de Maffrécourt. — D'azur au sautoir d'or, cantonné de 4 lions de même, lampassés et armés de gueules.

24. DU VALK, comte de Dampierre, baron de Hans (1). — D'azur à 3 croisettes d'or, rangées en face; écartelé d'hermine; sur le tout, de gueules à un buste de licorne coupé d'argent.

25. DE BAUDIÈRES (Louis-Just), seigneur de Virginy, chevalier de Malte. — D'argent à 3 têtes de maures de sable, bordées de champ.

26. DE POUILLY (César), chevalier, seigneur de Fléville (2). — D'argent au lion d'azur, armé et lampassé de gueules.

27. D'ESPINOIS (César), chevalier, seigneur de Châtel. — D'azur à 3 besans d'or, rangés en bande.

28. DE POUILLY (Charles), seigneur de Launay. — N° 26.

29. DE SAINT-QUENTIN DE MANIMONT (Claude), chevalier, seigneur de Cierges. — D'azur à la face d'or, chargée d'une autre face alaisée et écotée de gueules, surmontée de 3 molettes d'or.

91. DE LA BOULAYE, écuyer, seigneur du Bois de l'Or. — D'azur à la croix d'argent.

52. DE CHARTOGNE (Louis), chevalier, seigneur de Tourtron. — De gueules à 5 anneaux d'or, posés en sautoir.

53. DEDALE (Jean), gentilhomme. — De gueules à 3 membres d'aigle, arrachés d'or, onglé d'argent, en face; au franc quartier d'or.

(1) Existe encore.
(2) Très illustre famille du XIe siècle. — Existe en France et en Autriche.

34. DE FAILLY (Jean), seigneur de Vilmontre (1). — De gueules à la face d'argent, accompagné de 5 haches d'armes couchées de même.

35. DE FAILLY (Pierre), écuyer, seigneur dudit.

36. DE PONSORT (Charles), écuyer, seigneur de Vaux-le-Mouron (2). — De gueules au chevron d'or, accompagné en pointe d'un lion de même.

37. DEBOY (Charles), écuyer, seigneur du Fresne. — D'azur à 2 épées d'argent, gardes et poignées d'or, en sautoir, accompagnées en chef d'une rose, et en pointe d'un croissant d'argent.

38. DE LA COUR (Jacques), écuyer, seigneur de Jupille. — D'argent à l'étoile et au croissant d'azur, surmontés d'un lambel de gueules, soutenu d'une fleur de lys de même.

39. DE POUILLY (Jacques), chevalier de Pouilly. — N° 34.

40. DE MAILLART (Claude), seigneur de Landre, et sa femme. — D'azur au lion naissant d'argent, à la bordure de même ; accolé d'or au lion de gueules.

41. DE GRUTUS (Louis), écuyer, seigneur de Sauvois et Briéve. — D'argent à l'aigle de gueules, becqué et onglé d'azur, chargé en cœur d'un écu d'argent, chargé de 2 faces d'azur.

42. DE GRUTUS (Antoine), chevalier, seigneur d'Arthaine et du Vivier.

44. MAUCOURANT (Louis), conseiller au bailliage. — D'azur au château couvert d'or, crénelé et maçonné de sable, girouetté d'argent ; au chef de même, chargé de 2 hures affrontées de sable, défendues d'argent, le boutoir de gueules.

45. DE BOURNONVILLE DE LONY (Jean). — De sable au lion d'argent, armé et lampassé de gueules.

46. DE ROBERT (Louis), seigneur de Modigny. — D'azur à l'aigle au vol abaissé d'argent, surmonté d'un croissant de même et acosté de 2 étoiles d'or.

47. DE PAILLART (François), seigneur de Tremblois. — De gueules à la croix ancrée d'argent; coupé d'azur à 3 besans d'or.

48. DE MANGIN (Claude). — D'azur au sautoir d'argent, cantonné de 4 croissants de même.

(1) Existe encore.
(2) Barons de Ponsort. — Existe encore.

— 53 —

49. DARAS (Jeanne), veuve de Jeoffroy de Parthenay, écuyer, seigneur du Plessis. — D'argent au chevron d'azur accompagné en chef de 2 oies de sable, becquées et membrées de gueules.

50. D'AUGÉ (Robert). — D'azur à 5 coquilles d'or.

52. DOUTON (Anne), veuve de Pierre de Saint-Remy, président au grenier à sel. — No 2.

54. MAUCOURANT (Louis), conseiller à l'hôtel-de-ville, avocat. — No 44.

56. D'AUGER (Claude), brigadier des gardes du roi, écuyer. — De gueules au cygne passant d'argent, au chef d'azur, chargé de 5 étoiles d'or.

61. MOREAU (Charles), notaire et greffier en chef des eaux et forêts. — D'argent au cheval passant de sable; au chef d'azur, chargé d'une étoile d'or.

62. MOREAU (François), médecin. — No 61.

64. DE POUILLY (Henriette), comtesse de Remiremont. — No 54.

65. DE LANDRE DE BRIEY (Remi-Louis), chevalier, seigneur de Fontoy. — D'or à 5 piques de gueules.

66. DE MAGERON (Jean-Baptiste), écuyer, seigneur de Bauclay. — D'azur à 4 girons mouvant des angles et appointés en cœur d'argent, accompagnés aux flancs de 2 molettes à six raies d'or.

9. LE FAULCONIER, écuyer, ancien assesseur à la maréchaussée. — D'azur au chevron abaissé d'argent, surmonté d'un faucon de même, chaperonné de gueules, tenu par une main gantée d'or, mouvant de senestre; le chevron accompagné en chef à dextre d'une étoile d'or et en pointe d'une rose de même.

43. D'ESSAYVELLES (Philbert), seigneur de Inaumont. D'azur au sautoir de gueules, cantonné de 4 merlettes de sable.

53. BRISSIER (Jacques), conseiller au grenier à sel. — D'argent au chevron brisé de gueules, accompagné de deux panaches d'azur et d'une tête de maure de sable, bandée d'argent.

59. MARAT (Charles), brigadier des gabelles et receveur des épices du bailliage. — D'azur aux CM, entrelacées d'or.

60. DOULCET (Jacques), receveur de la douane. — D'azur à la face d'argent, maçonnée de sable, surmontée d'un lion passant d'or, soutenu d'un autre lion d'or, passant en pointe.

5

63. MAUPAS (Jean), garde marteau des eaux et forêts. — Tiercé en face, de gueules, d'or et d'azur, le chef chargé de 2 cors, d'azur et la pointe d'un croissant d'argent.

4. BAUDELOT, conseiller au bailliage, directeur des armoiries de l'élection. — D'azur semé d'écus d'argent au lion d'or, armé et lampassé de gueules, en abyme.

50. JACQUESSON (Louis), grainetier au grenier à sel. — D'azur au chevron d'or, accompagné de 2 coquilles et d'une cloche d'argent, celle-ci bataillée de gueules.

55. BOILEAU (François), avocat du roi au bailliage. — D'argent à une forêt de sinople, plantée sur le bord d'une rivière ondée d'azur.

57. PIOT dit SUVÊNE (Jean), hôtellier. — D'or à la pie, au naturel, sur une terrasse de sinople, accompagnée en chef de 2 annelets de gueules.

58. BUVILLON (Catherine), fille. — De sinople à la croix d'or, posée en cœur, à l'orle de 8 écus de même.

66. LA VILLE DE SAINTE-MÉNEHOULD. — D'azur au portail de ville crénelé d'argent, maçonné de sable, sommé d'une tour d'argent, flanquée de 2 autres, crénelées de même, couvertes en dôme d'or; le tout maçonné de sable; chacune des tours sommées d'un aigle s'essorant d'argent, le portail ouvert de sable, coulissé d'argent, défendu par un lion naissant d'or, armé et lampassé de gueules, tenant de sa patte dextre, une épée d'argent.

67. DE MARESCHAL (Louis), écuyer, seigneur de Halle, capitaine au régiment de Grandpré. — D'azur au croissant d'or, surmonté d'une étoile de même.

68. PICQUART (Rachel), veuve de Claude Le Feuve, écuyer, seigneur de Brenevy. — D'argent au sanglier de sable, au chef d'azur, chargé de 3 glands d'or.

69. LE COUVENT DE LA CONGRÉGATION.

70. LE COUVENT DE CHATRICES. — Semé de France au cygne nageant d'argent.

71. LE COUVENT DE MOIREMONT. — D'azur aux MA entrelassés, au lambel ceintré, surmonté de 5 étoiles, et en pointe d'un cœur enflammé, accosté de 2 tulipes, tigées et feuillées, le tout d'or.

72. LE COUVENT DE BEAULIEU. — De gueules à la main dextre d'argent, sortant d'une nuée de même, mouvante de senestre, tenant une crosse d'or.

73. DE GRAFEUIL (Innocente), veuve de Louis de Su-
gny, chevalier, seigneur de Contrève. — D'argent au houx
de sinople, accosté en chef de 2 étoiles d'azur.

74. DE CHAUMILLIAU (Robert-Jean), chevalier, seigneur
de Livry. — D'argent à l'aigle de sable.

75. BOUCHER (Thomas), vétéran pannetier chez le roi.
— D'argent au sautoir d'azur.

76. ROGER (Pierre), contrôleur des monstres de la maréchaussée. — De sable à la bande d'or, accostée de 2 molettes de même.

77. LA DAME DE VILLEDOSME, veuve de Louis-Jean
Guérin. — D'azur à 3 faces ondées d'or.

78. CHAALONS (Pierre), greffier en chef en l'élection. —
De gueules à la bande d'or, à l'orle de 6 annelets d'argent.

79. GUILLAUME (Jean), président au grenier à sel. —
D'azur à 3 croix potencées d'or.

80. PUVET (Jacques), président aux traites foraines. —
D'or au chien brac de gueules, accolé d'or, bouclé d'argent.

81. NOSLET (Jean), médecin, lieutenant aux traites foraines. — D'argent au lion passant d'azur.

82. DE LA GROSLETTE (Jean-Jacques), greffier en chef
de l'hôtel-de-ville. — De gueules au lion d'or.

83. DEGESNE (Nicolas), élu et procureur du roi aux
traites foraines. — D'argent à 3 aigles de sable.

84. COLLIN (Pierre), assesseur à l'hôtel-de-ville. —
De gueules au léopard d'or.

85. DU TILLOIS (Jean), avocat, conseiller de ville. —
D'or à 3 faces ondées d'azur.

86. BONNARD (Marie), veuve de Jean Pinguenet, écuyer.
— D'or à la bande vairée d'azur.

87. HOCQUART (Louis), maître des eaux et forêts. —
De gueules à 3 bandes d'argent.

88. DE LA GROSLETTE (Jacques), assesseur en l'hôtel-
de-ville. — D'azur au lion léopardé contourné d'argent.
(N° 82).

89. AUBRY (Raulin), président prévôt en la prévôté. —
D'or à 5 faces de gueules.

90. M. DE RÉCICOURT, major de cavalerie. — De gueules
à 3 faces d'argent.

91. M. MALINSART, écuyer, seigneur de Haucourt. —
D'or au dragon de sinople, lampassé de gueules.

III.

Élection d'Épernay.

1. NACQUART (François), lieutenant général au bailliage. — D'azur à la face d'argent, accompagnée de 2 levriers courants de même, en chef et en pointe.

2. DE MÉZIER (Augustin), écuyer, major au régiment de Ruffé (cavalerie). — De gueules à 3 lozanges d'argent, au chef de même.

3. DE BERZIAU (Scipion), chevalier, seigneur de Moulinet. — D'azur à 3 trèfles d'or.

4. PARCHAPPE (Jean), ancien avocat du roi au bailliage (1). — D'azur au chevron d'or, accompagné de 3 colombes d'argent, becquées et onglées de gueules.

5. LE PICARD (Jean), écuyer, seigneur de Flavigny. — D'argent à 2 jumelles de sable, au pal de gueules brochant.

6. DE GUÉRIN (Claude-Charles), écuyer, seigneur de Bruslard. — D'or à 3 lions de sable couronnés, armés et lampassés de gueules.

25. DE CORVISARD (Jacques), écuyer, seigneur de Fleury et Uthelin. — D'or à 3 corbeaux de sable.

66. DE SAINT-OMER (André), marchand à Dormans. — D'azur au sautoir d'argent.

71. DE L'HÉRY (Suzanne), fille. — D'or à l'aigle de sable.

7. DE RIANCOURT (François-Simon), chevalier, seigneur d'Antichy (2). — D'argent à 3 faces de gueules frettées d'or.

8. LE PETIT (François), écuyer, lieutenant général de Châtillon. — D'azur à 2 épées d'argent, gardes et poignées d'or et sautoir pointe en bas, accompagnées de 3 larmes d'argent, 1 et 2, or et en pointe d'un cœur d'or.

9. MOREAU (Pierre), notaire à Châtillon. — D'argent à 3 têtes de maure de sable, bandées d'argent.

10. DARNOULT (Antoine), écuyer, seigneur de Fleury. — D'argent au chevron de gueules, accompagné de 3 cœurs de même.

(1) Famille anoblie par Henri IV. — Existe encore.
(2) Très ancienne famille de Picardie. — Existe encore.

11. DU HOUX (Antoine), écuyer, seigneur de la Barre. — De gueules à 3 bandes d'argent, accompagnées de 4 annelets d'or, posés en barre.

13. DE HAUDOUIN (Abraham), écuyer, seigneur, vicomte de Passy-Grigny. — De gueules au chevron d'or, accompagné de 3 têtes humaines de carnation, chevelées et bandées de sable, mises de profil.

14. DE HAUDOUIN (Charles), écuyer, seigneur d'OEuilly.

15. PARCHAPPE (François), écuyer, lieutenant criminel à l'élection. — N° 4.

16. LE DIEU (François-Robert), chevalier. — D'azur au chevron d'argent, accompagné de 3 glands d'or.

17. VARY (François), président au baillage. — D'azur à 3 massacres d'or.

19. DE HÉRISSON (Pierre), écuyer, seigneur de Vigneux (1). — D'azur à 3 roses d'argent.

20. DE COUSSY (Pierre), écuyer (2). — D'argent à 6 mouchetures d'hermine, 3, 2 et 1, à la filière de gueules.

21. DE LA PLACE (Christophe), écuyer, seigneur de Broussy. — D'azur à 3 pointes d'or, mouvantes du chef.

29. FAGNIER (Claude), veuve de Thierry Fagnier, écuyer, secrétaire du roi. — D'azur au chevron d'or chargé de 2 lions affrontés de gueules, accompagné de 3 molettes d'or.

33. CHARUEL (Jean), avocat. — D'azur au chevron d'or, accompagné de 3 massacres de même.

34. LAMBERT (Pierre), seigneur de Beaurepaire, commissaire aux revues à Dormans. — D'azur au chevron d'or, accompagné de 2 croissants soutenus d'une épée d'argent, et d'un cigne de même.

35. CHARUEL (Nicolas), bourgeois d'Epernay. — N° 33.

56. COLLET (Philippe), avocat. — De gueules au lion d'or.

57. COLLET (Augustin), notaire à Epernay. — N° 56.

58. Feu ROBERT CHARUEL, assesseur à la maréchaussée suivant sa veuve, Marie de Verger. — N° 33.

59. DE L'HOSPITAL (Jean), écuyer. — D'or au chevron d'azur, accompagné de 3 écrevisses de gueules.

(1) Existe encore.
(2) Existe encore.

48. LEBRUN (Anne), veuve d'Antoine de Villers, avocat, receveur des consignations. — D'argent au chevron de gueules, accompagné de 2 roses de même et une grappe de raisins de sable.

49. DE COUSSIS (Pierre), écuyer. — N° 20.

51. DE PAYEN (Marie), fille. — De gueules au chevron d'or, accompagné en chef de 2 croissants d'argent.

52. DE PAYEN (Pierre), écuyer, seigneur de Fleury. — N° 51.

53. MOREAU (Gille), receveur des consignations à Châtillon. — D'argent à 5 têtes de maure de sable.

54. MININ (Hubert), greffier des bâtiments et de l'élection de Châtillon. — D'or à l'aigle au vol abaissé de pourpre, au chef d'azur, chargé de 5 étoiles d'argent.

59. MOREAU (Pierre), assesseur en la maréchaussée de Châtillon. — N° 53.

60. MOREAU (Louis), avocat. — N° 53.

68 THIERRY DE LA FOUASSE (Jean-Baptiste), curé de Saint-Martin-d'Ablois. — D'argent au chevron d'azur, accompagné en chef de deux étoiles de même et en pointe de 2 croissants affrontés, entrelassés de gueules, surmonté d'un bonnet carré de sable.

69. RENARD (Georges), écuyer, seigneur de Louvaignié. — De gueules au léopard d'or.

72. L'ABBAYE D'AVENAY. — D'argent à 3 molettes de gueules, à l'orle de 9 croix recroisettées de même.

87. L'ABBAYE DE SAINT-MARTIN D'EPERNAY. — De gueules à la rencontre de bœuf d'or.

88. FAGNIER (François-Joseph), receveur des tailles. — N° 29.

90. FAGNIER (Pierre), seigneur de Sivry, receveur des tailles. — N° 29.

91. PARCHAPPE (Christine), veuve de François Parchappe, écuyer, seigneur des Noyers, élu. — N° 4.

92. L'ELECTION D'ÉPERNAY. — De France.

93. CHARUEL (Marie), fille. — N° 33.

94. M. DE FOUVILLE, abbé d'Hautvilliers. — D'or à la croix ancrée de gueules.

95. LE BLANC (Joachim), écuyer, seigneur des Blonières

et Velye. — D'argent au chevron de sable, au chef d'azur, chargé de 5 besans d'or.

96. Feu Etienne LEBLANC, écuyer, seigneur dudit, suivant sa veuve Bonaventure François. — N° 95.

98. DE SALVATORY (Guillemette), veuve de Daniel Guillaume, écuyer, seigneur de Courcelles. — D'or au lion passant de gueules, au chef d'azur.

12. CHERTEMPS (Nicolas), commissaire des vivres. — D'azur à la face d'or, accompagnée en chef de 5 étoiles et en pointe d'un croissant d'or.

18. LEPREUX (Antoine), avocat. — D'hermine à la face fuselée de gueules.

19. DE VILLERS (François), notaire. — De gueules à la face bretessée et contrebretessée d'argent.

24. LA FAUX (Etienne), notaire. — D'argent à 4 faces de gueules.

25. DUMESNIL (Elisabeth), veuve de Gaspard de Barada, écuyer, seigneur de Verneuil. — D'azur à 5 faces d'argent.

27. MAUPIN (Jean), greffier des rôles. — Losangé d'argent et d'azur.

28. BERTIN (Nicolas), assesseur en l'hôtel-de-ville. — De sable au chevron d'or, accompagné de 5 molettes de même.

30. STAPADO (Augustin), apothicaire. — De gueules à 5 bandes d'argent.

31. DENISET (Philippe), élu. — De sinople à 5 coquilles d'argent en sautoir.

32. THEVEUX (Georges), greffier en chef en l'élection. De sinople au chevron d'or.

40. DE LOUVAIN (Arthur). — D'azur à l'aigle d'argent.

41. LEPREUX (Jacques), procureur au bailliage. — De gueules à 5 léopards d'or, l'un sur l'autre.

42. DE GUÉRIN (Alexandre), écuyer, seigneur de Brenlard. — D'or à 5 lions de sable.

43. LEGENDRE (Pierre), notaire. — De gueules au chevron, accompagné de 5 roses d'or.

44. CAMUSET (Nicolas), veuve de Pierre Charuel, bourgeois. — Facé d'argent et de gueules de 6 pièces.

65. DU BEU (Nicolas), marchand à Avenay. — De gueules au sautoir d'or.

46. GOURMAND (Michelle), veuve de Nicolas Dessert, bourgeois d'Avenay. — D'argent à 5 faces de sable.

47. SIFFLET (Robert), élu. — D'argent à la bande de gueules.

50. GOSMÉ (Hilaire), mayueur d'Avenay. — Vairé d'argent et de gueules.

54. GOSMÉ (Philippe), élu. — De gueules au chevron accompagné de trois roses d'or.

56. CLOCHE (Anne), veuve de Simon de Lart, avocat. — D'azur à la cloche d'argent, bataillée de sable.

57. GODINOT (Jacques), procureur à Châtillon. — De gueules à 5 croix recroisettées d'or.

58. DE BAILBAISIER (Charles), lieutenant particulier au bailliage de Châtillon. — D'or à la face de gueules chargée de 5 étoiles d'argent.

61. SOUCHET (Toussaint), élu. — De sable au lion passant d'or, armé et lampassé de gueules.

62. DESMOND (Jacques), conseiller en l'hôtel-de-ville. — De gueules à 5 quintefeuilles d'argent.

63 JOBERT (Nicolas), avocat. — D'or à la bande de sable.

64. MAUVAISET (Charles-Daniel), écuyer, lieutenant criminel de robe courte. — D'argent à 5 lions de sable.

65. MAUVAISET (Claude), greffier en chef de la maréchaussée. — N° 64.

67. MAULGUÉ (Jean), curé de Binson. — D'or à la croix de gueules.

70. CLOCHE (Marie), veuve de Pierre Pasquot. — N° 56.

73. LES URSULINES.

74. DE THOUARS (Anne), femme de Scipion de Berzeau, seigneur du Moulinet. — De gueules à 5 chiens d'argent, courant l'un sur l'autre.

75. PATENOSTRE (Antoine), bourgeois de Fère-Champenoise. — D'or à la bande componée d'argent et de sable.

76. L'ABBAYE D'ARGENSOLLES. — D'azur à la Notre-Dame d'argent.

77. L'ABBAYE DE CHARMOYE. — De gueules au nom de Jésus d'or.

78 L'ABBAYE DE L'AMOUR-DIEU. — D'or au cœur enflammé de gueules, chargé d'un nom de Jésus d'or.

79. DARE (Marie), veuve de Charles Deniset, greffier des rôles. — D'azur à 5 trèfles d'or.

80. LIENARD (Nicolas), maire. — D'argent à la croix d'azur.

81. LE COUVENT D'HAUTVILLER. — De gueules au saint Pierre à demi-corps d'argent, tenant à la main dextre une clef d'or.

82. GEOFFROY (Pierre), receveur des gabelles. — Bandé d'argent et de gueules de six pièces.

83. HENRY (Claire), veuve de Georges Lepreux. — D'azur au chevron accompagné de 5 épées d'or.

84. LOYAL (Benoit), cabaretier à Châtillon. — D'or à 5 pals de sinople.

85. BOISLEAU (François), receveur des octrois à Dormans. — D'azur au loup passant de sable.

86. COCAULT (Pierre), procureur du roi au bailliage.— D'azur au chevron d'argent, accompagné de 3 fers de lances de même.

87. ALLON (Toussaint), procureur du roi à l'élection. — D'azur au griffon d'or, surmonté d'une étoile de même.

97. TESTART (Claude), veuve de M. Pompery, écuyer, seigneur de Lauzevas. — D'argent à 2 loups de gueules passant l'un sur l'autre.

99. LE BAILLIAGE D'ÉPERNAY. — De France.

100. DE GELLA (Pierre), écuyer, seigneur de Champagne.— D'azur au lévrier courant d'argent, accolé de gueules.

102. DU HAUTOY (Roch), chevalier, vicomte de Brugny. —D'argent à la face d'azur, accompagnée de 5 aigles de sable.

103. BERTIN (Adam), receveur des amendes. — D'or au chevron de gueules, chargé de 5 coquilles d'argent.

104. PETIT (François), procureur. — De gueules au massacre d'argent.

105. TREMAULT (Nicolas), commissaire aux saisies réelles. — D'azur à 5 étoiles d'or en sautoir.

108. BLAVETTE (Luc), curé de Brugny. — De sable au pal d'argent, chargé de 3 croix de gueules.

109. SEIGNEURET (Jacques), lieutenant de la bourgeoisie de Cumières. — D'azur à l'aigle d'or.

111. RIVALLANT (Louise), veuve de Nicolas Vevinas du Clos, officier du roi au grand commun. — D'azur à la face ondée d'or.

112. DURAND (Jean), notaire. — D'azur à la face d'or, accompagnée de 3 rochers d'argent.

119. POITEVIN (Claude), maire perpétuel de Cumières. — D'azur à 6 besans d'or. 3, 2 et 1.

116. DE SAINT-MARTHE (Robert), curé de Troissy. — D'argent à la face componée de 3 fusées et de 2 deniers (?) de sable, au chef de même.

117. N....., curé de Dormans. — D'azur au calice d'or.

101. L'ABBAYE SAINT-MARTIN, d'Epernay. — De gueules à la crosse d'or, accompagnée de 2 SM d'or. — N° 87.

106. LA COMMUNAUTE DES APOTHICAIRES. — D'argent à 2 spatules d'azur en chef et 1 boîte couverte de gueules en pointe.

167. LA COMMUNAUTÉ DES BOULANGERS. — De sable à la pelle de four d'argent en pal, chargée de 3 pains de gueules.

110. LA COMMUNAUTÉ DES TANNEURS. — De même.

113. LA COMMUNAUTÉ DES CORDONNIERS. — De gueules au couteau à pied d'argent emmanché d'or.

114. LA COMMUNAUTÉ DES TISSERANDS, MENUISIERS, SAVETIERS ET CHARPENTIERS. — D'azur à la croix d'or, cantonnée d'une navette et d'une hache d'argent, d'un rabot et d'un tranchet d'or.

IV.

Election de Sézanne.

1. DU FAY (Suzanne), veuve d'Alexandre L'Argentier du Chesnoy, écuyer, seigneur de la Godmé. — D'azur à 3 chandeliers d'or.

2. BRUCHÉE (N. le jeune), écuyer. — D'or à 3 têtes de maure de sable, bandées d'argent.

4. DE VILLIERS (Prudent), élu. — De gueules à 3 pattes de griffon d'or.

5. ALLARD (Claude), élu. — D'azur au lion d'or, surmonté d'un croissant d'argent.

7. DE VILLIERS (Charles), lieutenant particulier au bailliage. — N° 4.

10. DE PICOT (Louis), seigneur de Meurre et Salon, écuyer. — D'or au chevron d'azur, accompagné de 3 fanaux de gueules.

12. DE BEAUREPAIRE (Charles), chevalier, seigneur d'Armonville, Toussicourt, Coizart. — D'azur à l'anneau d'or, le chaton en haut, garni d'un diamant au naturel, à la bordure engrelée d'or.

16. DE SOISY (Claude), chevalier, seigneur de Soigny et Dormans. — D'argent à la croix de sable, chargée de 5 coquilles d'or.

25. BRULET (Antoine), seigneur de Marnay, officier de la vénerie du roy. — D'azur au chevron d'or, accompagné de 3 fers de lances d'argent.

27. DU BELLAY (N...), seigneur de Loisy-aux-Bois, écuyer. — D'argent à la bande fuselée de gueules à 6 fleurs de lys d'azur. 3, 2 et 1.

28. LARGENTIER (Isaac), chevalier, seigneur de Joidel. — D'azur à 3 chandeliers d'église d'or.

29. DUVAL (Elisabeth), fille. — D'azur à la face d'argent.

31. DE NOEL DE LA GRANGE (François), abbé de la Garde-Dieu, seigneur de Reuves. — D'azur au chevron, accompagné de 2 molettes et 1 lion d'or.

55. DE CHANTELOUP (Charles), écuyer, seigneur d'Aunizeaux. — D'or au loup passant de sable, accompagné de 3 tourteaux de gueules.

56. DE LONGUEUIL (Jean – Jacques), chevalier, seigneur de l'Estang et Trouarn. — D'azur à 3 roses d'argent, au chef d'or, chargé de 3 roses de gueules.

5. LA VILLE DE SÉZANNE. — D'azur au château d'argent surmonté de 3 fleurs de lys d'or, rangées en chef.

6. BLANCHET (Christophe), prévôt et subdélégué. — De gueules à 3 coquilles d'or.

8. N. BRUCHÉ, élu. — Palé d'or et d'azur à 6 pièces.

9. N. MARET, procureur du roi aux eaux et forêts. — D'azur au chevron d'or, accompagné de 3 croissants de gueules.

11. DAMONT (Marguerite), veuve d'Etienne de Picot, écuyer, seigneur de Meuve. — D'azur au chevron d'or, accompagné de 3 roses d'argent.

13. DE MONVILLIERS (Jean). — D'argent à la face échiquetée d'or et de gueules.

14. FLEURIOT (Nicolas), receveur au grenier à sel. — De gueules à 5 lozanges d'argent.

15. REGNAULT (Claude Jacques), seigneur de Bourguignon, maître des eaux et forêts. — De sable à la bande d'argent chargée de 3 molettes de gueules.

17. GALLAND (Jacques), receveur des tailles. — De sable au sautoir d'or.

18. LANGLUMÉ (Charles), lieutenant à l'élection. — D'azur à la bande d'argent.

19. HOULLINÉ (Alpin), avocat et élu. — D'argent à 3 merlettes de gueules.

20. DODENOND (Antoine), greffier en chef de l'hôtel-de-ville. — De gueules à 3 quintefeuilles d'or, mises en bande.

21. PARIS (Siméon), commissaire aux revues. — De gueules à la bande d'or, chargée d'un lion de sable.

22. DODENOND (Antoine), procureur du roi au bailliage. — Fairé d'or et de sable de six pièces.

23. COLLARD (Jean-Baptiste), procureur du roi à l'élection. — Echiqueté d'or et de gueules de 6 pièces.

24. GAILLIEN (Pierre), procureur de la ville. — D'azur au sautoir d'argent.

32. DE LAMETZ (Gabrielle), demoiselle. — D'argent à la bande de gueules.

33. CHENEAU (Jacques), écuyer, seigneur de Rethore. — D'or au lion de sinople, armé et lampassé de gueules.

34. DE GAILIBERT (Jean), écuyer. — D'azur au lion d'argent.

37. LE CHAPITRE DE PLEURS. — De gueules à la croix d'argent.

38. NAUDIN (Nicolas), élu. — De gueules au griffon d'or, à la bande d'azur brochante.

39-40. BARBIN (Henry), baron de Broyes ; et Angélique de Saint-Saulien, sa femme. — D'azur au chevron d'or, accompagné de 2 roses et d'un lion d'or.

41. DE SAINT-GOND (Madeleine), veuve de François de Geps, chevalier, seigneur de Flaugny. — D'argent à la face de gueules, accompagnée de 3 coquilles de sable.

42. DE MALVAL (Nicolas), écuyer, seigneur d'Allemant. — D'azur à la face d'argent, chargé de 3 étoiles de sable et surmontée d'un lion d'or.

44. N..., prieur de l'Abbaye-sous-Plancy. — D'or à la croix de gueules.

45. CALLET (Nicolas), grènetier au grenier à sel. — D'azur à 2 chiens affrontés et rampants d'argent, accolés de gueules.

46. MONTIER (Guillaume), maire perpétuel, président, lieutenant général au bailliage. — D'or à 3 chevrons d'azur

52. CADET (Claude), conseiller au bailliage. — De gueules à 3 bandes ondées d'argent.

53. VINOT (Marie), veuve de Pierre Godin, écuyer, exempt des gardes du roi. — D'or à 3 grappes de raisin de — sable, tigées et feuillées de sinople.

54. POPELIER (Marguerite), veuve de N. Vinot, écuyer. — D'argent à 3 louveteaux de sable.

57. DU FAY (Sézanne), veuve de Jacques Largentier du Chesnay, écuyer, seigneur de la Godine. — De sable semé de fleurs de lys d'argent.

26. LE CHAPITRE DE BROYES. — D'azur à la croix d'or, frettée de sable.

30. LA COLLÉGIALE DE SÉZANNE. — D'azur au saint Nicolas d'or.

47. LES OFFICIERS DES EAUX ET FORÊTS. — D'azur à la face d'argent, chargée de 3 fleurs de lys d'azur, accompagnée de 4 arbres d'or. 2 et 2.

48. LE CHAPITRE SAINT-LAURENT-SOUS-PLANCY.— D'azur au saint Laurent, tenant son gril, le tout d'or.

49. LES OFFICIERS DU BAILLIAGE DE SÉZANNE. — De France.

50. LES OFFICIERS DE L'ÉLECTION. — De France.

V.

Élection de Vitry-le-François.

1. LE BLANC (Jacques), écuyer, président et lieutenant général au bailliage et présidial de Vitry-le-François. — D'or à l'aigle à deux testes, le vol abaissé et naissant de sable, soutenu par une champagne d'azur (1).

2. GROSSETESTE (François), lieutenant civil et criminel à l'élection. — D'azur à 2 gerbes d'or, surmontées d'une étoile d'argent, apointée et soutenue d'un croissant de même.

3. DE HEUDÉ (Claude), écuyer, seigneur de Blacy. — De gueules en palmier d'or, sur une terrasse de même, un éléphant d'argent passant un pied.

4. DE BERMONDES (François), chevalier, seigneur d'Ecriennes, Villiers, etc. — D'or à la croix trèflée de sinople, écartelé d'or au lion de gueules ; sur le tout, de gueules à 2 pals d'or, chargés d'une face d'azur, surchargée de 3 lozanges d'or.

5. DE BERMONDES (Louis), chevalier, seigneur de Goncourt, capitaine au régiment de Lesgal. — Nº 4.

6. HOCART (Louis), président au bailliage. — De gueules à 3 roses d'argent.

7. JACOBÉ (François), cy-devant président en la cour souveraine des grands jours de Commercy ; procureur du roi aux traites foraines. — D'azur au fer de moulin d'argent surmonté d'un lambel d'or, accoté de 2 épis de même, en pointe, les tiges passées en sautoir (2).

8. JACOBÉ (Jacques), lieutenant particulier au présidial et bailliage. — Nº 7.

9. JACOBÉ (Louis), conseiller au bailliage. — Nº 7.

10. DOMBALLE (Pierre), procureur du roi au présidial, maréchaussée, eaux et forêts et hôtel-de-ville. — D'azur au dauphin d'argent, surmonté d'un arc d'or, la corde de sinople, brochant sur le milieu dauphin.

11. DE MASOUDON (Jacques), seigneur de Neuffon,

(1) Famille anoblie au XVIIᵉ siècle. — Existe encore.
(2) Ancienne famille, encore existante.

capitaine au régiment de Montrevel. — D'azur à 2 lions adossés d'or, la queue entrelacée, lampassés de gueules, au chef de même chargé de 5 étoiles d'or.

12. PÉRINET (Daniel), élu. — D'azur à la gerbe d'or liée de gueules au chef d'argent, chargé de 3 molettes à 6 rais de sable.

13. BESCHEFER (David), conseiller d'honneur au bailliage. — D'azur au chevron d'argent, accompagné de 2 molettes à six rais et d'une rose d'or (1).

14. DUCHESNE (Claude), conseiller au bailliage. — D'argent au chesne de sinople, glanté d'or, sur une terrasse de sinople, accotée de deux étoiles de gueules.

15. DE SAINT-GENIS (François), élu. — D'azur au chevron haussé d'or, accompagné de 2 étoiles et un chêne arraché d'argent (2).

16. MICHELET (Paul), lieutenant aux traites foraines. — De gueules à 2 épées d'argent, emmanchées d'or en sautoir.

17. DE SAINT-BLAIZE (Henry), chevalier, seigneur de Changy, etc. — D'argent à la pointe d'argent.

18. COLLESSON (Paul), docteur en médecine. — D'argent et de gueules à l'aigle à deux testes, vol abaissé, de l'un en l'autre, accompagné de 5 roses de même.

19. DU HAMEL (Claude), chevalier, seigneur de Saint-Remy. — D'argent à la bande de sable, chargée de 5 sautoirs d'or (3).

20. DE FÉVETTE (François), chevalier, seigneur de Varimont. — D'argent à 5 faces de sable.

21. MAUCLERC (Nicolas), écuyer, seigneur de Berthenet, secrétaire du roi. — D'azur au verouil d'argent, accompagné de 5 trèfles de même.

22. TISSERAND (Jean), seigneur de Luxémont, président du grenier à sel de Beaufort-Montmorancy. — D'azur au chevron d'or, accompagné en pointe d'une coquille de même.

23. AYMERET (Charles), écuyer. — D'argent au chevron de sable, chargé de coquilles d'or, surmonté d'un lambel de sable.

(1) Famille de Châlons.
(2) Famille connue à Châlons dès le XVIe siècle ; existe.
(3) Existe encore ; de très ancienne noblesse picarde ; titrée comte.

24. VAUTHIER (Charles), grenetier à Vitry. — D'azur à 2 épées d'argent en sautoir, accompagnées en chef et en pointe d'un croissant d'argent.

25. VAUTHIER (Louis), conseiller au bailliage. — N° 24.

26. DORIGNY (Samuel), écuyer, seigneur de Chalette et Tronc. — D'argent à la croix ancrée de sable, chargée d'une lozange de champ.

27. GILLET (François), assesseur à la maréchaussée. — D'argent à 2 épées d'argent, en sautoir, pointes en bas, accompagnées de 3 étoiles d'or et un croissant d'argent en pointe (1).

28. BOYOT DE LA COURT (Jean), conseiller au présidial. — De gueules à 2 colonnes d'or en pal, sommées chacune d'une fleur de lys d'argent, au pied coupé, accotées de 3 étoiles d'or, rangées en face.

29. ROBIN (Pierre), élu. — D'azur au chevron, accompagné de 2 roses et une gerbe d'or.

30. LANGOT (Henry), écuyer, seigneur des deux Vavray. — D'azur à 2 épées d'or, en sautoir, pointes en bas.

31. ANTOINE (Nicolas), écuyer, seigneur de Bussy-aux-Bois. — D'or à 3 écrevisses de gueules.

32. DESDONVILLE (François-Gaston), écuyer, seigneur de Minecourt, capitaine au régiment de Grandpré. — D'or au chef d'azur, chargé d'un léopard d'or.

33. HENRY (Antoine), seigneur d'Antigny, directeur des aides et domaines. — D'azur au léopard rampant d'or, armé de gueules, accompagné de 3 étoiles d'argent, au chef de même, chargé d'un cœur de gueules, surchargé d'un nom de Jésus à l'antique d'or.

24. VARNIER (Louis), écuyer, seigneur de Tournizet, Goncourt. — D'azur au chevron d'argent, accompagné de 2 étoiles d'argent et un lion d'or, lampassé et armé de gueules.

35. DE LA VEUVE (Anne), prieur d'Oyselet, seigneur du Meixtiercelin. — D'argent à une rencontre de bœuf de gueules, bouclée de sable, surmontée de 2 étoiles de gueules.

36. DE LALAIN (Etienne), médecin. — D'azur au lion d'or, armé et lampassé de gueules, supportant un écu de gueules, chargé d'un cygne d'argent.

(1) Existe encore.

37. BUGNOT (Louis), chanoine du chapitre de Vitry. — D'or à 3 merles de sable, portant chacun au bec un épi de sinople.

38. BUGNOT DE FARÉMONT (Guillaume), lieutenant pour le roi au gouvernement de Vitry. — N°

39. BUGNOT (Pierre), conseiller honoraire au bailliage.

40. BUGNOT (Ignace), prieur de Sirey.

41. DORIGNY (Jeanne), veuve de Charles Antoine, conseiller au bailliage. — N° 26.

42. NIEL (François), conseiller au bailliage. — D'azur à 4 montagnes d'or, 2 et 2, surmontées de 4 étoiles de même, en chef.

43. BARBIER (Louis), élu. — D'argent fretté de sinople et au chef de gueules, chargé de 3 grelots d'or.

44. DE SAINT-GENIS (Joseph), conseiller au bailliage. — D'azur au chevron haussé d'or, accompagné en chef de 2 étoiles d'argent et en pointe d'un chêne arraché de même.

45. LE MAISTRE (Louis), lieutenant particulier, assesseur en la prévosté. — D'azur à 3 trèfles d'or.

46. DE SAINT-GENYS (Antoine), commissaire particulier aux revues. — N° 44.

47. JACOBÉ (Gilles), garde des sceaux au présidial. — N° 7.

49. JACOBÉ (Nicolas), seigneur de Soulanges et de Vienne-la-Ville, conseiller en l'élection.

49. FORBY (Louis), seigneur de Sorton, colonel de la bourgeoisie. — D'argent à 2 épis de sable, en pal.

50. FOURNIER (Antoine), commissaire aux saisies réelles. — D'azur au chevron d'argent, accompagné de 3 couronnes d'or.

51. LEBEL (Jean), conseiller au présidial, prévôt, juge ordinaire de la ville. — D'azur au chevron d'or, accompagné de 2 trèfles et d'une pomme de pin, tigée et feuillée, le tout d'or.

52. DE LAISTRE (Pierre), avocat du roi au bailliage.— D'azur au fer de moulin d'argent, surmonté d'un lambel d'or, accolé de 2 épis d'or, les tiges en sautoir et supportant un gland d'or.

53. DE SAINT-GENIS (Louis), conseiller au grenier à sel. — N° 44.

54. DE SAINT-GENIS (Denis), conseiller à la prévôté. — N° 44.

55. HOCQUET (Daniel), conseiller aux eaux et forêts.— D'azur au chevron brisé d'or, accompagné de 2 étoiles d'argent et une rose de même, tigée et feuillée de 2 feuilles.

56. DE SAINT-GENIS (Nicolas), procureur du roi au grenier à sel. — N° 44.

57. GILLET (Pierre) président des traites foraines. — D'or à la grappe tigée et feuillée de sinople, mouvant du chef, accoté de 2 étoiles d'argent, becquetée par 2 merles affrontés de sable, posés sur une terrasse de gueules.

58. JACQUIER (Claude), greffier en chef du grenier à sel. — D'azur au chevron abaissé d'argent, surmonté d'un aigle à 2 testes d'or, le vol abaissé surtout d'un croissant de même.

59. PAYEN (Claude), exempt de la maréchaussée. — D'azur au chevron haussé d'or, accompagné de 2 étoiles et une gerbe d'or.

60. BRACHET (Paul), major de la bourgeoisie. — De gueules au chien braque assis d'argent.

61. DE MAILLOT DE JEVENCOURT (Nicolas-François), écuyer, président en l'élection. — Ecartelé d'azur au dextrochère d'argent, paré d'or, tenant une épée d'argent garnie d'or; d'azur au soleil d'or; d'azur à l'ancre d'argent; et d'azur au croissant d'argent.

62. LINAGE (Marie), veuve de Claude Labbé, lieutenant particulier, assesseur au bailliage. — De gueules au sautoir engrelé d'or, cantonné de 4 fleurs de lys d'or, qui est Linage.

63. AUBLIN (Edme), écuyer, conseiller, chevalier d'honneur au présidial. — D'azur au chevron haussé d'argent, accompagné de 2 étoiles et un massant de cerf d'argent.

64. GODARD (François), conseiller au bailliage. — D'azur au chevron haussé d'argent, accompagné de 2 étoiles, et en pointe une gerbe d'or, sur laquelle est perché un ramier d'or (1).

65. MARESCHAL (Marie), veuve de Nicolas Jacquemart, pâtissier de la bouche du roi. — D'azur au chevron d'argent, accompagné de 2 étoiles d'argent et une rose d'or, tigée et feuillée.

(1) Existe encore.

66. CLÉMENT (Nicole), veuve d'Hyacinthe Cadet, procureur du roi en l'élection. — D'azur à la face haussée d'argent, surmontée de 3 étoiles d'or, soutenue d'une demi-croix de chevalier de même (armes du mari).

67. PAYEN (François), avocat du roi à la prévosté. — D'or à 5 faces de gueules, flanquées d'azur.

68. BAUDOT (Louise), veuve de Jacques Legras, receveur des tailles. — D'azur à 2 épées d'argent, garnies d'or, en sautoir, accompagnées de 3 larmes d'argent en chef et aux flancs.

69. LEGRAS (Marie), veuve de Jérôme Forby, conseiller au bailliage. — Nᵒ 68.

70. BASLE (Louise), veuve de Pierre de Laistre, avocat du roi au présidial. — Nᵒ 52.

71. LABBÉ (Marie), veuve de Nicolas-Antoine, écuyer. — Nᵒ 31.

72. PAYEN (Nicolas), conseiller au bailliage. — Nᵒ 67.

73. OUDINET (Marie), veuve d'André Linage, écuyer, seigneur de Loisy. — Nᵒ 62.

74. VOITAT (Madeleine), veuve de Jérôme Bugnot, seigneur, élu. — D'azur au fer de moulin d'argent, surmonté d'un lambel d'or, accoté de 2 épis de même en pointe, les tiges en sautoir.

75. DE GONDRECOURT (Jean), orfèvre. — D'azur au chevron d'or, sommé d'une houppe de faucon de même, accompagnée de 3 molettes d'or, celle de la pointe, surmontée d'un chicot à 3 feuilles, sur lequel est perchée une perdrix aussi d'or.

78. GILLET (Daniel), capitaine de la bourgeoisie. — Nᵒ 27.

79. JOIBERT (Marie), veuve de François Parchappe, écuyer. — D'argent au chevron d'azur, surmonté d'un croissant de gueules, et accompagné de 3 roses de même.

81. CORVISIER (Marie), veuve de Louis Aubertin, grénetier à Ste-Ménehould. — D'azur au lion d'or, armé et lampassé de gueules, rampant sur une branche de sinople (armes du mari).

82. AUBERTIN (Anne), femme de Louis Hocart, écuyer, président au présidial. — Nᵒ 6.

84. LE COUVENT DE LA CONGRÉGATION. —

85. FORBY (Jacques), écuyer, ex-capitaine au régiment

de la Reine. — De gueules au lion d'argent, armé et lampassé de sable, tenant de sa patte dextre une masse d'or, au chef d'or chargé de 5 molettes de sable.

87. DE SALIGNY (Louis), avocat. — D'azur à l'épervier s'essorant d'argent ; perché sur une branche feuillée d'or, posée en face (1).

88. CABRILLON DE PRÉFONTAINE (Antoine), lieutenant de la bourgeoisie. — D'azur au chevron abaissé d'or, accompagné de 5 trèfles d'or, le tout surmonté de 2 lions affrontés d'or.

89. DE GERVAISOT (Paul), écuyer, seigneur de la Folie. — Coupé d'or et d'azur, au chef chargé d'une merlette de sable, et la pointe d'une levrette courante d'argent, à la face en devise d'argent, brochant sur le coupé.

90. MARCHANT (Pierre-Estienne), avocat. — D'azur à 2 épées d'argent, garnies d'or, en sautoir, surmontées d'un croissant de même.

91. L'ABBAYE DE CHEMINON. — De sable à l'étoile d'or en chef, soutenue à dextre d'un croissant contourné d'argent, à senestre d'une fleur de lys d'or.

94. LA COMMUNAUTÉ DES APOTHICAIRES ET ÉPICIERS de Vitry. — D'azur au flambeau d'or, en pal, côtoyé de 2 vipères affrontées et ondées d'argent.

95. DE VASTENAY (Henry), marchand, greffier des rôles des tailles. — De gueules à 2 coutelas d'argent, l'un en pal, l'autre en barre à la bande de sable brochant, chargée de 5 molettes à 6 rais d'or.

96. BOURLON (Paul), lieutenant de la bourgeoisie. — D'azur au cheval effrayé d'argent, surmonté d'un croissant de même, accoté de 2 étoiles d'or (2).

97. MARTIN (Louis), avocat. — D'azur à 2 épées d'argent en sautoir, cantonnées de 5 étoiles d'or et un palmier d'argent.

98. CABRILLON DU CAUMONT (François), lieutenant de la bourgeoisie. — N° 88.

99. DE NETTANCOURT (Jeanne), veuve de Jean-Philippe de Tournebulle, seigneur de Villers. — De gueules au chevron d'or (3).

(1) Barbier de Saligny, titrée duc de San-Germano, par Murat, à Naples.
(2) Existe encore.
(3) Famille de noblesse chevaleresque : existe.

100. LA COMMUNAUTÉ DES TANNEURS. — D'argent au saint Barthélemi de gueules, tenant à sa dextre un couteau de même, accolé en chef de 2 couteaux d'azur.

101. CABRILLON (Joachime), veuve de Louis d'Aulnay, écuyer, seigneur de Morambert. — D'azur au coq d'or, cretté, barbé, becqué, onglé de sable.

102. LEBLANC (Pierre), élu. — D'argent au chevron de sable.

103. DE GASTINEAU (François), écuyer, seigneur de Matignicourt, capitaine au régiment de la Chastre. — D'argent au chevron d'azur, accompagné de 3 cygnes de sable.

104. DE VILLIERS (Louis), écuyer, seigneur de Signeville. — Parti de sable et d'argent, au chevron de l'un en l'autre, au chef de gueules, chargé d'un lion passant d'or.

105. DUVET (Jean), avocat. — D'azur au chevron d'or, accompagné en chef de 2 arbres arrachés d'or, en pointe d'une hure d'or; au chef de gueules, chargé d'un cornet d'argent, enguiché d'or.

109. BAILLY (Nicolas), doyen des conseillers au présidial. — D'argent au lion de gueules, armé et lampassé de sable, tenant des pattes de devant une hallebarde de gueules, en pal.

111. CAPPÉ (Michel), receveur des épices au présidial. — D'azur au croissant d'argent, écartelé de gueules à l'étoile d'argent.

112. PERINET (Nicolas), contrôleur au grenier à sel. — Coupé d'argent et de gueules, au lion de l'un en l'autre, tenant une plume d'or.

113. DE TORCY (Joseph), procureur du roi en l'élection. — D'azur à trois quintefeuilles d'argent (1).

114. JACOBÉ (Jérôme), seigneur d'Ablancourt en partie. — Nº 7.

119. REGNAUT (François), avocat. — D'azur au cœur d'or, percé de 2 flèches d'argent, mises en sautoir, accompagnées de 3 étoiles d'or.

120. LEBLANC (Nicolas), écuyer, seigneur de Cloyes, chevalier de Saint-Louis, lieutenant général des carabiniers du roi. — Nº 6.

(1) Existe.

121. LEBLANC (Pierre-Etienne), écuyer, seigneur de Maisons. — N° 6.

122. DE TOURNEBULLE (Louis-François), chevalier, seigneur de St-Lumier et Bousemont. — D'argent à 3 testes de trèfle de sable.

123. DE SAINT-PRIVÉ (Henry), écuyer, seigneur d'Arrigny. — D'argent au sautoir de gueules, dentelé de sable.

126. LA COMMUNAUTÉ DES MÉDECINS. — D'argent à 2 serpents adossés et tortillés de 4 plis au naturel, en pal, au chef de gueules, chargé d'un coq d'or, paré de sable.

127. VARNIER (Jacob), médecin. — D'azur au chevron d'argent, accompagné de 3 roses d'or, en chef et d'un coq d'or en pointe.

128. DE LA VIENNE (Louis-Robert), seigneur de Minecourt. — De gueules au chevron d'or, surmonté d'un croissant d'argent, accompagné de 3 molettes de même.

129. DE DENIS (Louis), écuyer, seigneur de Château-Brûlé. — De gueules à l'aigle à 2 testes, le vol abaissé d'argent.

90. BASLIN (Nicolas), capitaine de la bourgeoisie. — D'argent à 2 avirons de gueules, en sautoir, à l'ancre de sable, brochant.

51. DEFORGES (Jean-Charles), écuyer, seigneur de Germinon. —.D'azur au chevron d'argent, chargé de 5 croix fleuronnées au pied, fichées de sable, accompagnées de 3 massacres de cerf d'or.

52. DE LA GARDE (Jean), chantre du chapitre. — De gueules à la teste de lion arrachée d'or, à la bordure composée d'argent et d'azur.

54. GUEDON (Jean), lieutenant de la bourgeoisie. — D'azur à 3....d'or.

56. CADET (Daniel), bourgeois de Vitry. — D'azur à la face haussée d'or, surmontée de 3 étoiles d'or, et soutenue d'une équerre d'argent.

57. DE NETTANCOURT (François-Gaston), seigneur de Bettancourt. — N° 99.

40. DE VERNEUIL (Gaspard), écuyer. — D'azur au lion d'or, armé, couronné et lampassé de gueules, senestré au deuxième canton du chef de 3 étoiles d'or. 2 et 1.

42. HOCART (Elisabeth), femme de Nicolas-François de Maillot, écuyer, président en l'élection. — N° 6.

43. SAGUEZ (Pérette). — D'azur au chevron d'argent, accompagné de 5 cornets d'or.

44. BOHIER (Charles-Henry), écuyer, seigneur d'Orfeuille et Trouarn-le-Grand. — D'or au lion d'azur au chef de gueules.

46. D'EPINOY (Jacques-François), écuyer, seigneur de Coole. — D'azur à 3 besans d'or, mis en bande.

47. LEFEBVRE (Louise), fille majeure. — D'azur au chevron d'argent, chargé de 3 croissants de gueules, accompagné de 3 trèfles d'or, celui de la pointe supportant un coq de même, paré de gueules.

50. LEVAVASSEUR (Antoine), directeur des domaines du Hainault, et Jeanne Jottier, sa femme. — D'or au chevron de gueules, accompagné de 3 étoiles d'azur; accolé d'argent au chevron de sable, accompagné de 2 molettes de même et d'un chêne de sinople, en pointe.

51. VARNIER (Anne), veuve de Benjamin Hulon, bourgeois. — D'azur à 3 trèfles d'or.

52. DE SALIGNY (Charles), avocat. — N° 87.

53. DE BOURNONVILLE (Tristan), écuyer, seigneur d'Oiselay, etc. — D'azur au lion d'argent, armé, couronné, lampassé d'or.

55. REGNAUDOT (François), receveur des consignations. — D'azur au chevron d'argent, accompagné en chef de 3 étoiles et en pointe d'un cœur d'or.

125. DE ZEDDES (Marie), veuve de Louis Hocart, lieutenant criminel au bailliage. — D'azur au Z d'or.

72. LE BAILLIAGE ET PRÉSIDIAL. — De France.

81. PARCHAPPE (Jacques), écuyer, capitaine au régiment de Grandpré. — D'azur chevron d'or, accompagné de 3 colombes d'argent.

104. LA COMMUNAUTÉ DES BARBIERS ET PERRUQUIERS. — D'azur au saint Louis, tenant son sceptre et sa justice, d'or.

107. COEFFART (Claude), curé de Courdemanges. — Ecartelé en sautoir d'or et d'azur, à 4 croisettes de l'un et l'autre.

108. BURLANT (Guillaume), curé de Châtelraould. — De pourpre à la croix haussée d'or, sur une terrasse de sinople, accotée en face de 2 larmes d'argent.

110. L'ÉLECTION. — De France.

115. BRACHET (Paul), lieutenant de la bourgeoisie. — N° 60. — Le chien est sur une terrasse de sinople, avec deux trèfles d'or en chef.

116. MORTAS (Daniel), capitaine de bourgeoisie. — D'argent à la coupe de gueules, surmontée d'une teste de maure de sable, tortillée d'or et de gueules.

117. CAILLAT (Nicolas), capitaine de bourgeoisie. — D'azur au chevron d'or, accompagné de 2 cailles affrontées d'argent, et un arc d'or, en pal, à la pointe.

118. FAUDEL (Jean), trésorier du chapitre. — D'azur à la faulx d'or, mise en bande , accompagnée en chef d'un demi-vol d'or (1).

124. LE GRENIER A SEL. — De France.

133. LABBÉ (Jean-Baptiste), lieutenant particulier, assesseur criminel au bailliage. — D'argent au lion de gueules, tenant de ses deux pattes de devant une crosse d'azur posée en pal.

135. JACOBÉ (Jean), avocat. — N° 7.

138. L'ABBAYE DE SAINT-JACQUES. — D'azur au saint Jacques d'or, sur une terrasse de sinople.

141. LA MARÉCHAUSSÉE. — De France.

145. DE MARLE (Geneviève-Hector), femme de Claude du Hamel, chevalier seigneur de Saint-Remy. — D'argent à la bande de sable, chargée de 5 molettes d'argent.

148. VAUTHIER (Jean), capitaine de bourgeoisie. — Vairé d'argent et de sinople, au chef de gueules, chargé de 3 roses d'or.

149. DE BASSE (Pierre), hôtellier à Vitry. — D'azur à la grande lune d'argent, chargée d'un monde de sable, tracé d'or.

156. LA TRINITÉ DE VITRY. — D'argent à la croix pattée alaisée, le montant de gueules, la traverse d'azur.

157. LES MINIMES. — D'azur au mot *Charitas* d'or, aux trois syllabes, l'une sur l'autre, enfermé dans un cercle rayonnant d'or.

158. DE SAINT-LUMIER, dame. — De sable au château d'argent.

159. DU PLEZ, receveur des gabelles et armoiries. — De gueules, coupé d'or, au lion d'argent, brochant.

(1) Etablie également à Sainte-Ménehould.

160. COLLET (Louis), lieutenant de bourgeoisie. — D'or à 3 faces d'azur.

161. DE VAVRAY (Louis-Samuel), conseiller au présidial. — De gueules au château d'or.

162. PELLETIER (Pierre), capitaine de bourgeoisie. — Bandé d'argent et d'azur de 6 pièces.

163. GRIMONT (Charles), élu. — D'azur à 3 sautoirs d'argent, 2 et 1.

164. GALUÉ (Edme), lieutenant de bourgeoisie. — D'or à 3 chevrons de gueules.

165. FOURNIER (Gilles), seigneur de Mutigny, gentilhomme de la grande vénerie. — D'argent à la croix de gueules, cantonnée de 4 coquilles de sable.

166. GOMBOT (Jean), lieutenant de bourgeoisie. —D'or, la face de gueules.

167. DE SAINT-BLAISE (Marie), femme de François de de Bermondes, seigneur de Vienne. — D'azur à une pointe de giron d'argent.

168. DE BOURDIN (Charles-Nicolas), chevalier, seigneur de Villennes, gouverneur de Vitry. — De gueules au château d'or, à 5 tours.

169. LA PRÉVOSTÉ. — D'argent à 2 bâtons royaux d'azur, fleurs de lys d'or, en sautoir alaisé.

170. N..., abbé de Cheminon. — D'argent au lion passant de gueules.

171. Feu LINAGE (André), écuyer, seigneur de Loisy. — N° 62.

155. DE MERTRUS (Claude), écuyer, seigneur de Saint-Léger, et Elisabeth de Beurville, sa femme. — Mémoire, figure à un bureau de Reims. — N° 155.

79. LA COMMUNAUTÉ DES AVOCATS ET PROCUREURS. — Coupé d'argent et de gueules, au grenadier, tigé et arraché d'or, branché et feuillé de sinople, fouisé de gueules, le tronc couvert d'un lierre d'argent, qui est ouvert et doré sur la tranche, l'écu entouré d'un cercle d'azur, aux mots : *Dat fructus, datque coronas.*

85. LE CHAPITRE DE VITRY. — D'azur à la Notre-Dame de carnation, tenant l'enfant Jésus et le sceptre, habillés d'or, couronnés de même, surmontée de 7 étoiles de même, rangées en demi-cercle. La vierge supportée par

4

un croissant d'argent; accotée à dextre d'une moitié des armes de Navarre, à senestre des armes de Champagne ; sous le croissant, un vautour d'or empiérant un lapin d'argent.

86. LA COMMUNAUTÉ DES ORFÉVRES. — De gueules à la croix engrelée d'or, cantonnée, 2 ciboires et 2 couronnes d'or, au chef de France.

95. LES OFFICIERS DES TRAITES FORAINES. — D'azur au lynx rampant d'or.

139. LA VILLE DE VITRY. — D'azur, à la salamandre d'or, la tête contournée et couronnée de même, couchée dans des flammes de gueules; au chef de France.

154. L'ABBAYE ROYALE DE HUIRON. — D'azur à la montagne coupée d'argent et d'or, adextrée d'un soleil de même, et senextrée d'une fleur de lys d'or, au chef de gueules chargé d'une crosse et d'un bourdon d'or, en sautoir.

172. DE NETTANCOURT (Jeanne), veuve de Jean-Philippe de Tournebulle, chevalier, seigneur de Bussy et Villers-le-Sec. — Nº 99.

175. HAVIN, de Navarre (Jean-Baptiste), directeur des domaines du roi à Vitry. — D'argent à 5 croissants de gueules.